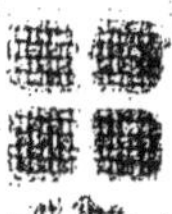
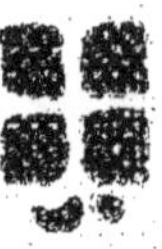

Jeux et Concours de plein air

A la campagne – à la mer – à l'école

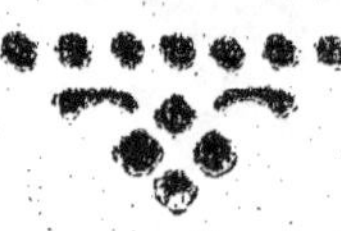

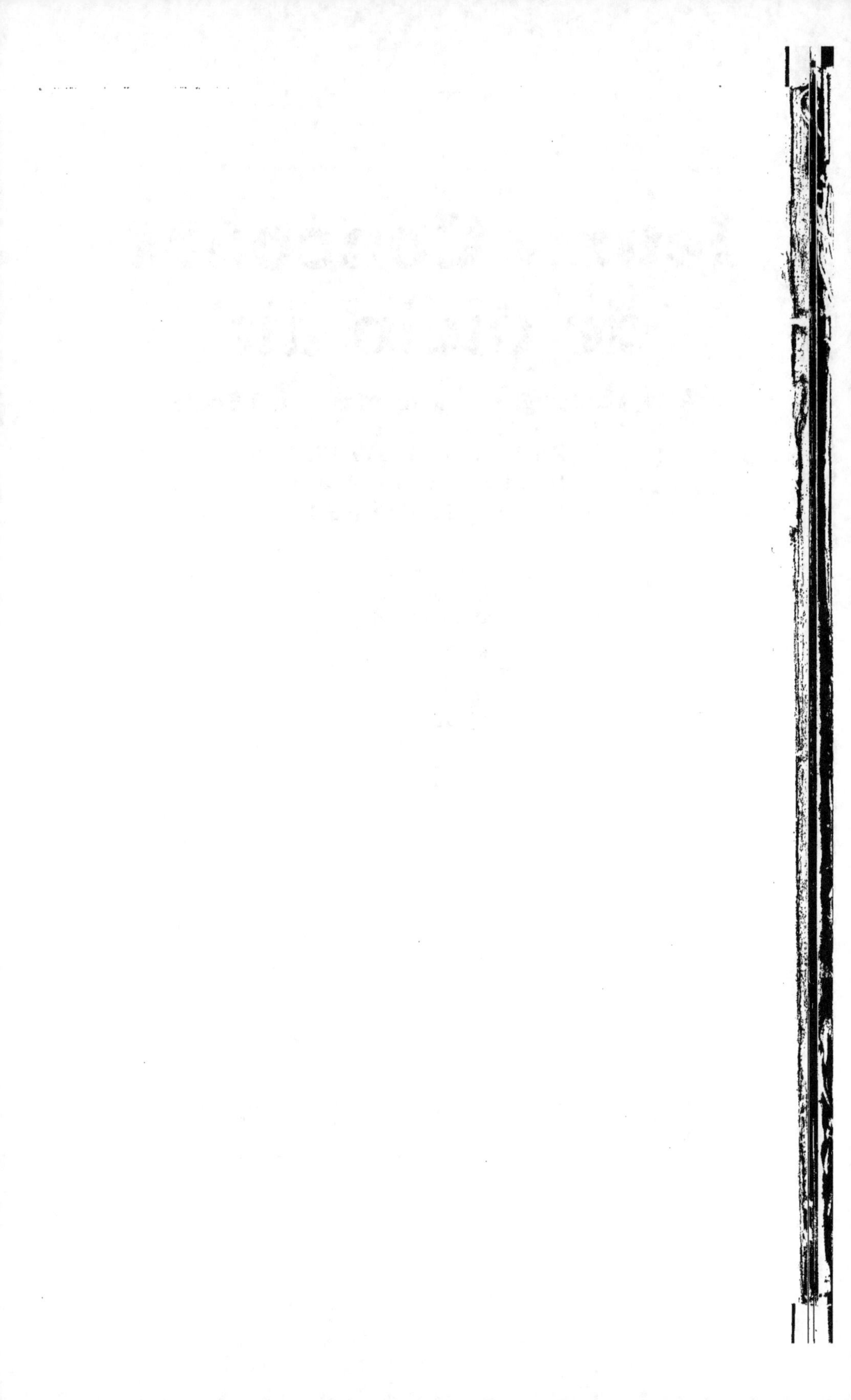

Jeux et Concours de plein air

à la Campagne – à la Mer – à l'École

Par le baron GUSTAVE.
Introduction de M. André
DE FOUQUIÈRES.

60 GRAVURES
DONT 32 HORS TEXTE

Bibliothèque Larousse
Paris – 13-17, rue Montparnasse

INTRODUCTION

Les Anciens, qui ont écrit et disserté sur tout, n'ont pas négligé non plus l'objet de la présente étude, et l'on retrouve, dans la lointaine Antiquité, le souvenir des jeux et exercices de force ou de souplesse, des assauts d'adresse et d'élégance, ainsi que des diverses et si ingénieuses compétitions où triomphaient les guerriers d'Athènes et de Rome, à leurs heures de loisirs et de paix.

Alors, comme aujourd'hui, ce n'étaient pas seulement les enfants, les adolescents, les jeunes filles et les jeunes femmes que l'on surprenait dans toute l'ardeur et la grâce de leurs jeux, mais encore les amis, les parents, les éducateurs que l'on voyait s'y intéresser, et même y participer pendant les heures de liberté que leur laissaient les affaires et les fonctions publiques ou privées.

Les jeux et concours dont il va être question dans ce recueil ne sont qu'un Gymkana, mot exotique qui nous vient de l'Inde des rajahs, employé, en principe, pour désigner une fantaisie équestre, dernier vestige des anciens tournois où, là-bas comme chez nous, les chevaliers combattaient pour le sourire de leur dame, pour la conquête d'une fleur ou d'un mouchoir, unique récompense du vainqueur.

Le mot Gymkana a conquis droit de cité en France, depuis quelques années, pour désigner toute une série de jeux, d'exercices, de divertissements, de sports pratiqués autant que possible en plein air, à l'occasion d'une réunion organisée à la campagne, à la mer, à l'école, sur l'initiative soit de particuliers, soit d'instituteurs ou d'institutrices, ou par les soins d'une municipalité.

Jusqu'à présent il n'existait pas d'étude d'ensemble, de règlements précis de ces jeux et concours aussi amusants que gracieux; le baron Gustave — pseudonyme qui cache un sportsman bien connu, — aidé de collaborateurs et de collaboratrices complaisants et compétents, vient de combler cette lacune, en exposant les règles de ces jolis et agréables passe-temps. Tous, mondains et instituteurs, maires et membres de municipalités, trouveront ici les renseignements indispensables pour l'organisation d'une journée de ces distractions qui plaisent tant aux enfants petits et grands, en même temps qu'une sorte de code qui leur permettra de trancher les discussions, assez fréquentes, soulevées par certains esprits indisciplinés ou turbulents.

Il va sans dire que l'imagination, la fantaisie de chacun peut se donner libre carrière; notre ami le baron Gustave et ses collaborateurs, qui ont passé de longues journées à envisager les diverses occurrences qui peuvent se présenter, n'ont pas eu cependant la prétention de citer toutes les variétés de jeux, de divertissements, laissant à d'ingénieux amateurs le soin d'en envisager d'autres encore, ou d'en combiner de nouveaux.

Le but a été de faire œuvre utile et saine, en incitant à pratiquer, pendant les heures de récréation et les journées de vacances, des jeux et concours qui, bien que sans danger aucun, n'en soient pas moins inspirés par la même chevaleresque galanterie que leurs aînés, sentiment dont le succès est toujours assuré dans notre doux et beau pays de France.

Reposant l'esprit, toutes ces distractions font oublier la tension des heures de travail, et permettent à l'adresse, à l'agilité, à l'initiative, en même temps qu'à la beauté plastique et à la force physique de la Jeunesse de se développer harmonieusement.

Nous sommes persuadé que cet intéressant travail remportera auprès des lecteurs le succès qu'il mérite à si juste titre.

André DE FOUQUIÈRES.

Jeux et Concours
de plein air

Jeu de l'AÉRO-BALL

L'aéro-ball a une grande analogie avec la pelote basque; mais il a cet avantage de pouvoir être pratiqué en tous lieux, ne demandant ni emplacements ni terrains spéciaux.

Organisation d'un concours. — Les joueurs, ou, à leur défaut, les organisateurs du concours, devront posséder les raquettes spéciales, dont le prix varie de 9 à 12 francs la pièce; ces raquettes sont en forme de serpe; la partie correspondant à la lame est formée de deux lamelles de bois légèrement écartées, entre lesquelles la balle glisse pour être lancée; ces lamelles se rejoignent à l'extrémité et à la poignée de la serpe. Au-dessus de la poignée peut se fixer une corbeille, au moyen d'une vis mobile; elle est destinée à recevoir la balle envoyée par l'adversaire.

La balle est en caoutchouc et du poids de 55 grammes, comme celle du lawn-tennis.

Le terrain le plus favorable est celui qui permet le mieux à la balle de rebondir : asphalte, cour d'allée, plage de sable sec, terre battue, allée légèrement sablée, court de tennis, etc.

Règlement. — Le jeu comprend quatre joueurs, auxquels il est bon d'adjoindre un arbitre : *équipe A,* joueurs 1 et 2, *contre équipe B,* joueurs 3 et 4.

Plan du terrain. — Tracer sur le sol deux rectangles de 12 mètres de largeur sur 10 mètres de profondeur. Ces deux

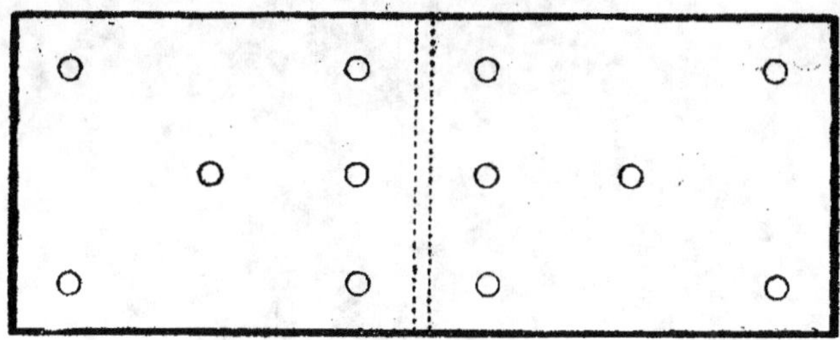

PLAN DU TERRAIN.

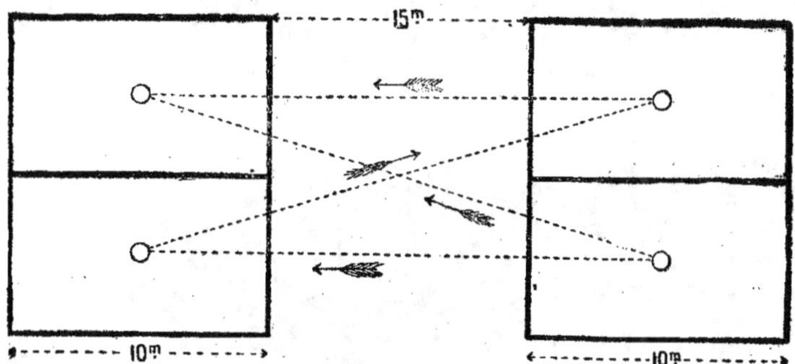

SERVICE DES JOUEURS.

rectangles se feront vis-à-vis, et seront séparés par un intervalle aussi grand que le permettra la qualité des joueurs, 20, 30 ou 40 pas (15^m, 22^m,50, 30^m). Chaque rectangle sera séparé à son tour en deux parties; les joueurs prendront place respectivement au milieu de chacune de ces parties. — Un arbitre marquera les points.

Service des joueurs. — Le joueur n° 1 lance la balle au n° 3; — celui-ci au n° 2; — le n° 2 au n° 4; — le n° 4 au n° 1; et ainsi de suite; autrement dit, chaque joueur envoie la balle à l'adversaire qui ne la lui a pas lancée.

Le joueur d'arrière vient de lancer la balle.

Phot. de M. Engler, Secr. de l'*Aéro-Ball.*

Joueur recevant la balle dans la corbeille.

CONCOURS D'AÉRO-BALL AU JARDIN DES TUILERIES.

La partie. — La partie comprend deux mi-temps de 30 coups chacune. A la mi-temps, les joueurs changent de place : le n⁰ 1 prenant la place du n⁰ 3, et le 2 celle du 4.

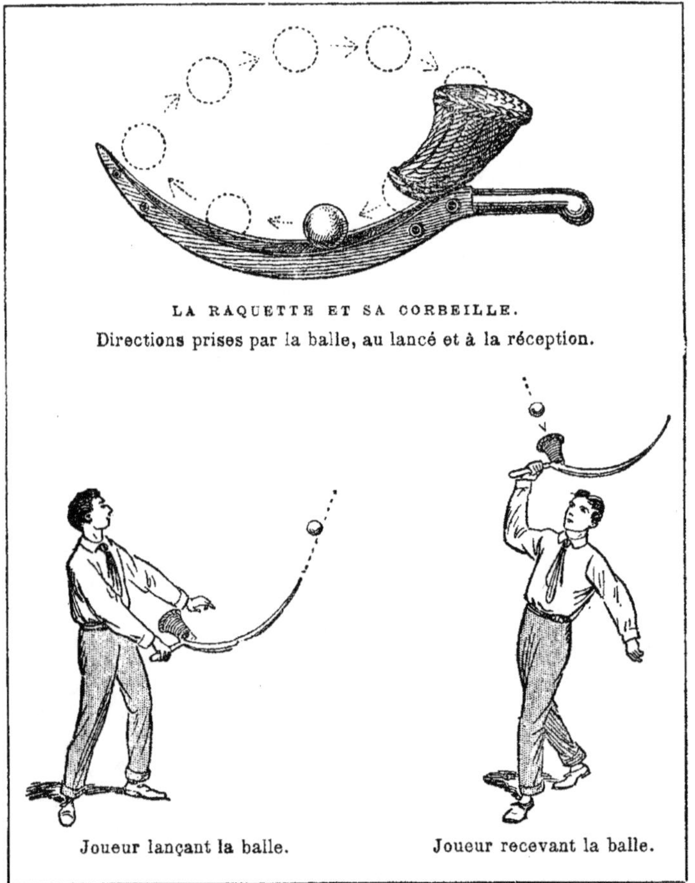

LA RAQUETTE ET SA CORBEILLE.
Directions prises par la balle, au lancé et à la réception.

A la 1ʳᵉ mi-temps la balle est lancée par le n⁰ 1, à la 2ᵉ par le n⁰ 4. — La première balle est toujours lancée face à soi, les suivantes sont lancées au joueur adverse qui ne vous l'a pas envoyée.

Les points. — Chaque équipe débute avec 120 points. On ne compte que les fautes ou les demi-fautes, qui enlèvent respectivement 2 points ou 1 point du maximum. L'équipe gagnante est celle qui reste avec le plus de points.

Les fautes. — Une faute entraîne une pénalité de 2 points, et une demi-faute une pénalité de 1 point. Ces points se retranchent du maximum 120 qui est alloué à chaque équipe au début de la partie.

Il y a faute pour le lanceur quand la balle tombe en dehors du cadre de l'adversaire. A ce sujet, il convient de noter que toute balle que l'adversaire peut arrêter en dehors de son cadre d'une façon quelconque, même sans la garder dans le panier, est considérée comme balle pénalisée pour le lanceur, à condition toutefois qu'il ait, au moment de l'arrêt, les deux pieds posés à terre hors du cadre.

Il y a demi-faute pour le lanceur quand ce dernier a envoyé la balle dans le rectangle du coéquipier adverse, sans sortir des limites extérieures.

Il y a faute pour le receveur quand la balle tombée dans son cadre n'est pas rattrapée par lui directement.

Il y a demi-faute quand il l'a rattrapée par un reçu indirect, c'est-à-dire après un contact à terre.

Les handicaps. — On peut handicaper une des deux équipes en lui retirant, dès le début, un nombre de points déterminé.

Observations. — Le joueur doit relancer la balle à son adversaire de l'endroit où il l'a reçue ; quand il l'a reçue ou arrêtée en dehors du cadre ou après coup manqué, il se remet au centre pour la lui renvoyer.

Il n'est permis de toucher à son jeu pour le corriger ou le modifier qu'après avoir lancé la balle, sous peine d'une pénalité d'un quart de faute.

Les balles rasantes peuvent être autorisées ou interdites, suivant les conditions de la partie.

Il y a intérêt pour surprendre l'adversaire à renvoyer la balle aussitôt reçue.

Autre règlement (1). — Cette règle est des plus simples et des plus amusantes.

Le nombre des joueurs est indéterminé. Il doit cependant être d'au moins trois par équipe.

Le terrain, d'une longueur de 40 mètres, doit avoir de 15 à 20 mètres de largeur. Il est divisé en son milieu par une

---

(1) Communiqué par l'*Aéro-ball Club de la Seine.*

ligne de démarcation des deux camps. Les côtés doivent être bien visibles, et constitués soit par un large ruban, soit par des cordes.

Le chef d'équipe dans chaque camp groupe ses hommes suivant leur force.

Le coup d'envoi se tire au sort.

La balle peut être reçue par n'importe quel joueur, soit directement, soit après un ou plusieurs contacts à terre. Elle doit être renvoyée immédiatement, soit dans le camp voisin, soit dans le sien. L'important est qu'elle ne roule pas à terre.

En effet, *il y a faute :*

1° Quand la balle n'ayant pas été rattrapée roule sur le sol;

2° Quand elle est sortie des limites du jeu;

3° Quand il y a eu collision entre les joueurs d'un même camp;

4° Quand un joueur l'arrête dans son panier, ne la relance pas immédiatement, ou la lance d'une autre place que celle où il l'a reçue.

Chaque faute compte un point. La partie se joue en 20 points.

Note importante. — Éviter, en ramassant la balle, de frapper la raquette contre le sol.

Recevoir toujours la balle dans ou sur les bords de la corbeille, et jamais sur les lames.

o o o

Concours d'AÉROPLANES MINIATURES

Depuis la conquête de l'air par nos aviateurs, des personnes qui vont passer la belle saison avec leurs enfants sur les plages du littoral ou dans les villes d'eaux organisent des expériences avec des aéroplanes réduits, de tous les genres; ces expériences ont été imitées par les élèves de nos lycées et collèges, quand le temps est favorable et pendant les heures de récréation, avec des appareils souvent construits par eux.

Les types d'aéroplanes en miniature sont nombreux, les fabricants de jouets, les grands magasins fournissent des biplans et monoplans de tous systèmes et de prix très variables, selon les matériaux employés pour leur construction; tous comportent l'hélice indispensable au fonctionnement de l'appareil.

Le maximum de hauteur que peuvent atteindre les aéroplanes miniatures les plus perfectionnés, varie entre 16 et 18 mètres; et la distance la plus considérable parcourue, entre 225 et 250 mètres; quant au temps pendant lequel ils peuvent planer, il varie entre 2 minutes et 2 min. 1/2.

Le prix dépend de la qualité de l'appareil, de sa bonne fabrication, et va de 4 à 80 francs et même au-dessus. A ces chiffres, il faut ajouter pour ceux d'un prix assez élevé le coût de quelques pièces de rechange, et d'une petite trousse comportant quelques outils indispensables.

Le terrain doit avoir au moins 250 mètres de longueur sur 30 de largeur; le public ne doit pas y circuler.

Un droit d'entrée de 1 à 2 francs est habituellement demandé pour couvrir les frais d'organisation.

Il existe trois sortes de concours : *de distance, de durée, de hauteur.*

Règlement. — Dans les trois concours, les départs seront donnés par séries de trois ou quatre appareils, selon un tirage au sort, le gagnant de chaque série devant concourir ensuite avec les gagnants des séries suivantes.

On peut faire concourir individuellement dans les concours de distance et de durée.

La distance et le temps sont inscrits en regard du nom de chaque concurrent.

Le propriétaire de chaque appareil et un aide ont seuls le droit de se présenter sur le terrain à l'appel de leur numéro d'inscription.

Concours de distance. — Pour le concours de *distance* individuel, après qu'un appareil a été mis au point, il est lancé de la ligne de départ, puis, après avoir plané quelques instants, il tombe à terre; un carton portant son numéro et maintenu avec un petit piquet est mis à la place exacte où il vient d'atterrir; l'appareil sera enlevé et remis à son propriétaire, après que la longueur parcourue aura été inscrite sur un registre; cette méthode est préférable à celle qui consiste à laisser les appareils sur le terrain, l'un d'eux pouvant être détérioré par la chute d'un autre concurrent.

Le classement se fera selon les distances parcourues

JEUX ET CONCOURS
DE PLEIN AIR
à la Campagne – à la Mer – à l'École

d'après le nombre de prix disponible, après nouvelles vérifications des membres du jury et à la suite de la dernière expérience du dernier aéroplane, ou de la dernière série.

Concours de durée. — Pour le concours de *durée,* un membre du jury, ayant en sa possession un chronomètre, déclenchera l'aiguille de l'instrument dès qu'il donnera le

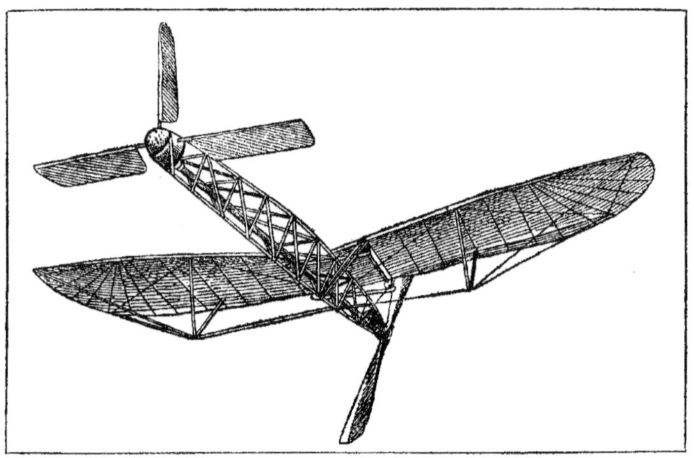

GRAND MONOPLAN A HÉLICE, ET CHARPENTE EN FIL D'ACIER.

signal du départ en disant : « Volez », et arrêtera l'aiguille aussitôt que l'appareil aura touché terre.

Dans le concours individuel, le temps de chaque vol est inscrit sur la feuille du concours; le vainqueur sera celui dont l'appareil aura plané le plus longtemps, cet appareil fût-il resté immobile en l'air; il en est de même dans le concours par série. Après chaque épreuve les propriétaires ramassent leurs appareils, et quittent le terrain.

Concours de hauteur. — Le concours de *hauteur* est difficile à juger, aussi est-il préférable de faire concourir les appareils deux par deux, en ne conservant pour les séries suivantes que celui qui s'est élevé le plus haut, jusqu'à ce qu'un des gagnants de chaque série soit proclamé vainqueur.

0 0 0

Courses d'ANES

Les ânes sont souvent utilisés dans les fêtes mondaines et villageoises, car ils se prêtent à un grand nombre de divertissements. Il est toujours assez facile de s'en procurer, moyennant une location variant de 2 à 5 francs par bête.

Anes en liberté. — Le terrain aura une assez vaste étendue, soit 200 à 250 mètres de longueur sur une trentaine de largeur ; il devra être clos par de fortes cordes, maintenues à quelque distance de terre par des piquets afin d'empêcher les assistants d'être bousculés par les animaux, ou blessés par leurs ruades.

Cette recommandation s'applique à toutes les sortes de courses, les participants aux épreuves ne devant pas être gênés, mais au contraire libres de leurs mouvements.

Règlement. — A la ligne de départ, on tendra une corde à hauteur du poitrail des concurrents ; les propriétaires, armés d'une badine, d'une cravache ou d'un fouet, se placeront derrière leur bête, prêts à la cingler aussitôt le signal du départ donné, alors que la corde sera tirée.

Les maîtres seront autorisés à suivre la course à quelque distance, pour empêcher les animaux de revenir en arrière.

Les ânes devront avoir autour du cou un ruban de couleur portant leur numéro d'inscription.

Pour accélérer leur bon vouloir, on pourra faire passer sous leur nez, dès qu'ils seront en ligne, des bottes de carottes, des picotins d'avoine ; celui qui fera cette besogne alléchante pour les concurrents suivra la piste en marchant à reculons, de manière à ce que les animaux ne perdent pas de vue l'objet de leur convoitise ; carottes et picotins seront ensuite déposés sur la ligne d'arrivée.

Anes montés, avec selle et changement de selle. — Mêmes dispositions ; mais au centre du parcours on plantera un piquet surmonté d'un drapeau.

Chaque concurrent devra posséder une selle de rechange ; si elle manque, on fait concourir les participants individuellement ou deux par deux, en tenant compte du temps de chacun. — Ou on les obligera à descendre de monture au milieu du parcours, à desseller l'âne, à le resseller et à remonter dessus.

Règlement. — Les ânes, une fois bridés et sellés, seront montés par leurs cavaliers; chacun de ceux-ci portera sur le bras, ou sur la tête, ou sur les épaules, la selle de rechange; une fois arrivés au centre du parcours indiqué par le poteau, les cavaliers devront mettre pied à terre, enlever la selle, seller à nouveau leur monture avec la selle qu'ils auront en leur possession, et remonter à âne en emportant la première selle; celui qui, après avoir exécuté ces mouvements, arrivera le premier au but, sera le vainqueur de la course.

Anes montés, sans selle. — La distance et la disposition de la piste seront les mêmes que pour la course précédente; on pourra y placer quelques obstacles : barres en bois, haies tombant facilement; fossés peu profonds remplis d'eau.

Règlement. — Il est fort simple, le classement se faisant selon l'ordre des arrivées. Les ânes, ayant une tendance à s'arrêter, peuvent barrer le passage à d'autres concurrents; dans ce cas, aucune réclamation ne sera admise : c'est aux cavaliers à se débrouiller; mais ils ne devront pas mettre pied à terre, sous peine d'être éliminés.

Anes tenus en laisse, traversant, sautant des obstacles. — La piste pourra n'avoir que 100 à 125 mètres de longueur; sur son parcours, excepté 10 mètres avant la ligne de départ et 10 mètres avant la ligne d'arrivée, seront disséminés des obstacles à peu de distance les uns des autres : barrières et haies peu élevées, mais solidement maintenues avec des cordes et des piquets, tonneaux espacés de manière à ne laisser que juste la place pour passer, bouteilles qu'il ne faudra pas renverser, ainsi que des chaises, des escabeaux, etc.

On tirera au sort l'ordre des départs, chaque propriétaire devant parcourir isolément la piste en tenant son âne par la bride.

Un membre du jury suivra le concurrent, notant les obstacles renversés, pendant qu'un autre tiendra compte du temps mis à effectuer le parcours.

Règlement. — Il s'agira, pour le maître, qui tiendra et tirera son âne par la bride, de faire sauter à sa bête les obstacles, de traverser et de faire traverser les étroits passages pratiqués entre les tonneaux et les bouteilles, sans remuer les premiers, ni renverser les secondes. Celui dont l'âne aura effectué le parcours sans avoir fait de fautes, dans le moins de temps, sera déclaré vainqueur.

Une bouteille, un tonneau frôlés comptent pour une demi-faute; renversés, pour une faute; chaque refus de sauter un obstacle pour une demi-faute; si un concurrent tombe, ou détruit un obstacle, pour une faute; de même s'il met les pieds dans l'eau peu profonde du fossé.

En aucun cas, le maître de l'animal ne devra le toucher, le pousser pour l'aider à sauter ou à traverser un obstacle; il pourra seulement le diriger, le tirer par la bride.

Toute dérogation à ces règles mettrait le concurrent hors du concours. (V. COURSES MONTÉES.)

Courses d'ANIMAUX

Les courses d'animaux sont des plus amusantes, et donnent souvent lieu à des in. 'ents comiques qui font la joie des spectateurs.

Elles n'exigent aucun frais; mais, presque toujours, un droit d'inscription, variant de 25 centimes à 1 franc, est demandé pour aider à couvrir les frais généraux.

Course de petits animaux. — Les inscriptions devront se faire la veille ou l'avant-veille de la course, pour permettre de « handicaper » chaque concurrent selon le genre auquel il appartient.

Les petits animaux prenant habituellement part à ces épreuves sont : les canards, chats, lapins, perroquets, poules, etc., les tortues; pour les chiens de différentes tailles ils concourent entre eux (V. plus loin). Il n'est pas rare de voir une tortue bien dressée arriver bonne première, étant moins distraite et indisciplinée que ses concurrents.

La piste devra avoir 30 mètres de longueur sur 15 de largeur, et être complètement close, pour empêcher que les concurrents ne soient gênés.

Règlement. — Chaque animal sera tenu en laisse avec un ruban par son propriétaire.

Communiqué par l'*Illustration*.

UNE COURSE DE PETITS ANIMAUX.

Une fois à la place désignée d'après le « handicap » (V. plus bas), et le signal du départ donné, chaque concurrent pourra être dirigé, excité par son maître, à l'aide d'une légère badine ou d'une branche flexible ; mais le maître devra toujours se tenir derrière : en aucun cas il ne marchera à droite ou à gauche de l'animal, encore moins à sa hauteur, et surtout il ne devra jamais le devancer.

Dans le cas où l'animal ferait volte-face et retournerait ainsi en arrière, le maître pourra, avec sa badine, essayer de le remettre en marche vers le but, mais il ne pourra tirer sur la laisse pour lui faire reprendre son chemin ; il a seulement le droit, en restant à la même place, et en tenant la laisse tendue, d'empêcher l'animal de s'échapper.

Il est bien entendu que les canards, pigeons, poules, perroquets et autres volatiles doivent marcher, et ne pas s'enlever de terre un seul instant. Si ce cas se produisait, l'animal serait immédiatement saisi et remis à la place d'où il se serait enlevé.

Handicaps. — En supposant que les concurrents inscrits soient des canards, pigeons, poules, perroquets, lapins et tortues, le handicap sera comme il suit, pour une piste de 30 mètres de longueur :

Les tortues seront placées à 1 mètre du but.
  — perroquets — placés à 10 mètres du but.
  — pigeons   —   — à 18   —
  — canards   —   — à 22   —
  — poules   — placées à 25   —
  — lapins   — placés à 30   —

Les membres du jury seront désignés par les propriétaires des animaux.

Course de chiens. — Si la course a lieu entre des chiens de même race et de même grandeur, la piste aura de 80 à 100 mètres, et le départ sera donné en ligne droite.

Si les chiens, comme c'est le cas le plus ordinaire, sont de races et de grandeurs différentes, ils seront handicapés selon leur taille. Dans ces cas, les juges devront avoir une certaine compétence et être pris, si c'est possible, parmi les chasseurs qui se trouveraient présents.

Une variété amusante de ces courses de chiens est de déposer sur la piste des morceaux de sucre, de viande, ou des os. On fera parcourir la piste, avant la course, aux concurrents, de manière à ce qu'ils aperçoivent et sentent les friandises avant de se mettre en ligne pour le départ.

Les chiens seront amenés en laisse, tenus par le collier à la ligne de départ par une personne choisie par le propriétaire. Ce dernier, après avoir caressé son chien, lui tournera le dos, longera la piste et ira se placer à la ligne d'arrivée.

Au signal de départ tous les chiens seront lâchés en même

Communiqué par l'*Illustration*.

COURSE DE CHIENS.
Les chiens sautent les obstacles pour arriver auprès de leurs maîtres.

temps; instantanément, les maîtres les appelleront *trois fois* par leur nom, aussi fortement qu'ils le pourront.

Le gagnant sera celui qui aura rejoint le plus vite son maître, en négligeant les appâts semés sur la route.

Tout maître qui appellerait *plus de trois fois* son chien serait disqualifié, ainsi que l'animal, à moins de conventions préliminaires contraires.

Tout chien sortant des limites de la piste à droite ou à gauche sera éliminé de la course.

Course de cochons. — C'est surtout dans les communes villageoises, que ces courses ont du succès.

La piste aura de 80 à 100 mètres de longueur, sur 15 mètres environ de largeur.

Les animaux pourront courir en liberté, ou être tenus en laisse à l'aide d'une corde attachée autour du cou ou des reins, étant dirigés, excités avec un fouet léger ou une badine ; mais les maîtres devront se contenter de marcher derrière l'animal, de le tenir avec la laisse pour l'empêcher de s'écarter du parcours assigné, ou de revenir en arrière. En aucun cas, ils ne pourront se servir de la laisse pour le traîner en avant.

◊ ◊ ◊

Concours d'ANIMAUX COSTUMÉS

Les concours d'animaux costumés, par suite des frais qu'ils entraînent pour les propriétaires qui y mettent de l'amour-propre, occasionnant des dépenses assez considérables, demeurent surtout l'apanage des centres mondains, des stations balnéaires et des villes d'eaux.

L'adresse, la fantaisie et le goût avec lesquels les bêtes sont travesties sont les éléments du succès ; mais tel animal, costumé avec luxe et recherche, peut très bien n'être classé qu'à la suite d'autres de ses confrères dont les travestissements seront composés avec de vieilles étoffes, de vieux jupons, de vieilles robes, des chapeaux défraîchis, ou tout autre vêtement de rebut.

Tel propriétaire sait si bien costumer sa bête, selon la variété à laquelle elle appartient, que l'animal éclipse ses semblables plus richement travestis que lui.

Les juges doivent être choisis avec soin.

Règlement. — Le concours pourra être réservé à des animaux d'une même espèce, ou embrasser plusieurs variétés. Les animaux qui sont le plus habituellement travestis sont les chats, chiens, canards, poules, dindons, oies, perroquets, perruches, écureuils, singes.

Les déguisements varient à l'infini ; tout dépend de l'esprit d'initiative du maître ou de la maîtresse de l'animal, du tour de main de cette maîtresse ou de sa femme de chambre, qui doivent être aussi adroites couturières que bonnes modistes (1).

---

(1) Pour les sujets de travestissements, il est facile d'en trouver dans la *Vie publique et privée des animaux,* par GRANDVILLE ; dans les *Fables illustrées* de LA FONTAINE, dans la Collection des costumes du *Chantecler* d'EDMOND ROSTAND publiée dans l'*Illustration* et d'autres magazines.

Concours d'ANIMAUX MÉCANIQUES

Les marchands de jouets construisent une grande variété d'animaux mécaniques marchant un certain laps de temps, selon la valeur du mouvement d'horlogerie et les dimensions du jouet. Les prix varient de 5 à 50 francs, et dépassent même parfois ce dernier chiffre.

Les animaux le plus fréquemment imités sont l'âne, le canard, le cheval, la chèvre, le cochon, le lapin, le lièvre, le lion, le mouton, l'ours, le tigre.

La piste devra avoir une vingtaine de mètres de longueur sur une dizaine de mètres de largeur, pour empêcher les jouets de se bousculer, si plusieurs concourent ensemble ; elle devra être close, pour que le public ne puisse l'envahir et détériorer les jouets.

Règlement. — On pourra faire concourir individuellement les jouets, ou bien les classer par séries, d'après leur proportion et la valeur de leur fabrication.

Dans les deux cas, le gagnant sera celui qui aura roulé le plus longtemps possible, ou bien qui aura couvert la plus longue distance d'après les dispositions établies d'avance.

Seuls, les propriétaires de chaque jouet auront le droit d'entrer sur la piste, de remonter le mécanisme et de mettre le jouet en mouvement.

o o o

Concours d'AUTOMOBILES MINIATURES

Les automobiles miniatures, mus par un système d'horlogerie, ont des prix très variables, selon leur fabrication et la valeur de leur mécanisme : certains atteignent et dépassent la somme de 100 francs.

Les organisateurs de ces concours devront donc essayer de classer les jouets par série, selon leur qualité, et faire exécuter, avant le concours, des expériences préliminaires, pour permettre d'apprécier leurs valeurs respectives.

La piste devra être aussi lisse que possible, bitumée,

dallée ou asphaltée, pour que les appareils puissent y rouler
facilement; elle aura environ vingt-cinq mètres de longueur,
sur dix ou douze de largeur, et devra être soigneusement
délimitée pour empêcher les assistants d'y pénétrer.

Comme pour le concours d'aéroplanes (V. ce mot), le
concours d'automobiles miniatures peut comporter trois
épreuves : *distance, durée, vitesse.*

Règlement. — Il est préférable de ne faire courir les véhicules que deux par deux, afin d'éviter les collisions, les vainqueurs se mesurent ensuite entre eux, jusqu'au classement
définitif; mais cette règle n'a rien d'absolu.

Seul, le propriétaire de chaque appareil devra se présenter sur la piste à l'appel de son nom, seul aussi, il devra
remonter le mécanisme d'horlogerie et mettre en marche
son automobile.

Pour les concours de durée et de vitesse, un membre du
jury, muni d'un chronomètre, tiendra compte du laps de
temps de chaque épreuve; si deux appareils mettent le
même temps, ils recommenceront l'épreuve jusqu'à résultat
définitif. Dans le concours de durée, on ne tiendra compte
que du temps de marche de l'automobile, sans s'occuper de
sa vitesse, et n'eut-il fait que décrire des circonférences.

❋ ❋ ❋

Course-concours de BAGUES

Dans ce concours les concurrents peuvent être à pied,
mais il est plus amusant qu'ils soient à âne ou à bicyclette.

La piste devra avoir 60 à 70 mètres de longueur ou de
tour.

On enfoncera solidement en terre un bâton muni d'une
traverse horizontale, l'ensemble constituant ainsi une espèce de potence. Au bout du bâton formant potence on attachera un fil de fer ayant à son extrémité un crochet permettant d'y placer un anneau qui devra pouvoir être enlevé
facilement.

Les anneaux, toujours faciles à se procurer chez un tapis-
sier ou dans une mercerie, auront de 6 à 10 centimètres de
diamètre.

Chaque concurrent sera armé d'un petit bâtonnet ou d'une règle.

Règlement. — Au signal du départ, le concurrent s'élancera, essayant de faire passer son bâtonnet à travers l'anneau, et de décrocher celui-ci, qu'il soit à pied, à âne ou à bicyclette. Il ne doit ralentir son allure qu'insensiblement. Tout concurrent qui ralentirait trop visiblement son allure, qui s'arrêterait au moment de passer à proximité de la potence et sous l'anneau, sera exclu du concours.

Le classement se fera selon le nombre d'anneaux décrochés et le temps mis à courir le parcours, si cette convention a été arrêtée.

Si deux concurrents décrochent le même nombre d'anneaux dans le même temps, ils recommenceront l'épreuve jusqu'à ce que l'un des deux soit le vainqueur du concours.

Au lieu de planter en terre un poteau en forme de potence, un membre du jury pourra tenir un bâton au bout duquel pendra la ficelle et l'anneau à décrocher.

⚜ ⚜ ⚜

Jeux de BALLE

Balle à la cruche. — Ce concours ne demande pas une grande installation, car il ne nécessite qu'une cruche ou un pot à fleurs et quelques balles.

Règlement. — On posera la cruche à terre; les concurrents, placés à un mètre, lanceront le même nombre de balles, et essaieront de les faire entrer dans la cruche.

Ceux qui auront introduit dans la cruche le même nombre de balles recommenceront l'épreuve en reculant d'un mètre; et ainsi de suite jusqu'à ce qu'il ne reste comme vainqueur que le plus adroit, c'est-à-dire celui qui aura lancé le plus de balles dans la cruche, de la distance la plus éloignée.

Balle aux épingles et aux plumes. — Comme le précédent, ce concours pourra se pratiquer, selon la saison ou le temps qu'il fera, à l'intérieur d'une classe, d'un appartement, ou au plein air.

On tracera sur le sol, de préférence sur un terrain dallé ou bitumé, un cercle de 25 à 30 centimètres de diamètre.

Au centre de ce cercle on disposera une centaine d'épingles.

Une balle en drap ou en caoutchouc sera à la disposition des joueurs.

Règlement. — Chaque joueur, selon son ordre d'inscription, s'emparera de la balle, la laissera tomber sur les épingles, essayant d'en faire sauter le plus possible en dehors du cercle. Il recommencera trois fois le même mouvement. Chaque fois la balle jetée sur les épingles, il devra la rattraper au vol. Dans le cas où il ne la rattraperait pas il serait éliminé du concours, si cela a été convenu. Après avoir lancé et rattrapé trois fois la balle, on comptera les épingles qui sont en dehors du cercle : le classement se fera d'après le nombre de ces épingles.

En cas de même nombre d'épingles au profit de plusieurs concurrents, ceux-ci recommenceront jusqu'à un résultat définitif.

A défaut d'épingles, on pourra se servir de vieilles plumes.

Balle au trou. — Ce concours est une sorte de jeu de golf (V. ce mot) en miniature, et peut se pratiquer sur tous les terrains.

Sur une piste de 150 mètres de longueur, close de chaque côté par une ligne bien visible tracée à terre, on creusera sans ordre, et à distances variables les uns des autres, une vingtaine ou une trentaine de trous, un peu plus grands que la grosseur de la balle dont on se servira.

Les concurrents, divisés par séries de trois ou de quatre, ou concourant individuellement, auront chacun une balle semblable, et une canne ou un bâton dont un bout aura été taillé en forme de cuiller.

Règlement. — Les concurrents seront placés sur la même ligne. Chacun devra pousser sa balle vers le trou le plus rapproché, l'y faire entrer, l'en faire ressortir avec le bout de sa canne ou de son bâton, et recommencer la même manœuvre en se dirigeant vers le second trou, et ainsi de suite jusqu'à ce que la balle soit entrée et ressortie de tous les trous, pour dépasser finalement la ligne d'arrivée.

Dans le cas où deux concurrents, si le concours a lieu par

séries, sont près du même trou, celui qui aura fait entrer sa balle le premier dans le trou aura la priorité pour jouer, l'autre devant attendre que la balle de son concurrent soit hors du trou pour continuer, quitte à regagner le temps perdu en allant vers le trou suivant essayer d'y faire entrer sa balle avant celle de son adversaire.

Dans le cas où une balle sortirait de la limite du terrain, à droite ou à gauche, la balle sera remise à l'endroit d'où elle a été lancée, et le joueur devra recommencer le coup.

Le classement se fera par ordre d'arrivée, tous les trous ayant été recouverts par la balle du joueur.

En cas de concours individuel les gagnants de chaque série se mesureront entre eux, recommençant l'épreuve jusqu'à ce qu'un d'eux ait enfin battu tous les autres.

Les membres du jury devront surveiller l'entrée et la sortie des balles, de chaque trou.

Tout joueur qui pousserait sa balle avec le pied, ou la toucherait avec la main, serait disqualifié et mis hors de jeu.

0 0 0

Lancé de BALLONNETS AVEC CARTES POSTALES

Ce concours est très pratiqué pendant la belle saison au bord de la mer, et au moment des fêtes locales de l'intérieur.

On achètera chez un fabricant de jouets des petits ballonnets non gonflés, et de même grandeur que ceux distribués tout gonflés et comme réclame, à certaines époques de l'année, par les grands magasins parisiens.

Par suite de divers accidents qui peuvent survenir avant, pendant ou après le gonflement (crevaisons, déchirures), on fera bien d'en acheter une dizaine de plus que le nombre de concurrents prévu. Les inscriptions doivent avoir lieu trois ou quatre jours avant le concours.

Un droit d'entrée, variant de 1 à 3 francs, selon la qualité des ballonnets, est habituellement demandé à chaque concurrent, pour couvrir les frais d'achat.

Les ballonnets seront gonflés au gaz le matin du concours, par les soins des employés de l'usine de la localité.

Chaque concurrent recevra une enveloppe et une carte

postale : cette dernière devra porter, si c'est possible, une vue de l'endroit d'où les ballonnets seront lancés.

Sur l'enveloppe, portant un timbre de 25 centimes, sera écrit très lisiblement : *Prière à la personne qui trouvera le ballonnet d'ouvrir cette enveloppe et d'expédier de suite la carte postale qu'elle contient, après avoir écrit, sur la partie réservée à la correspondance, son nom, son adresse et la date exacte de l'arrivée du ballonnet, l'endroit où il a été trouvé.*

Sur la carte postale, portant un timbre de *10 centimes,* chaque concurrent écrit bien lisiblement ses prénoms, nom et adresse.

Chaque carte postale portera en tête de la partie réservée à la correspondance la mention : *Concours de lancé de ballonnets avec cartes postales,* l'endroit et la date du lancé, et la signature du président du concours.

Les cartes postales seront ensuite insérées dans leurs enveloppes respectives ; les enveloppes seront cachetées, puis attachées sous chaque ballonnet par une légère mais solide ficelle.

Pour épargner les frais de timbres de 25 centimes, on peut n'attacher sous chaque ballonnet qu'une carte postale timbrée à 10 centimes ; chaque carte portera alors sur la partie réservée à la correspondance ce qui est écrit sur les enveloppes, en laissant la place nécessaire pour que celui qui trouvera le ballonnet puisse écrire l'endroit où ce dernier est tombé, la date, et la signature de l'envoyeur. Mais ce procédé est moins sûr, la carte pouvant se déchirer, les intempéries rendre difficilement lisible ce qui est mentionné dessus si le ballonnet reste assez longtemps sans atterrir ; il est donc préférable de se servir des enveloppes, et de faire payer un droit d'entrée un peu plus élevé.

Règlement. — Tout est prêt. Chaque concurrent tient son ballonnet. Le « *Lâchez tout !* » est prononcé. Les ballonnets s'élèvent et disparaissent dans l'azur.

Le laps de temps accordé pour le retour des cartes postales varie, à moins de conventions spéciales, entre 10 et 15 jours ; le maximum de délai de retour des cartes est ordinairement de 20 jours. Passé le délai convenu, le concurrent à qui sa carte postale parviendrait serait éliminé du concours.

Lors d'un concours organisé sur la plage de Saint-Aubin-sur-Mer (Calvados), un ballonnet lâché le 20 août est tombé, le 26 du même mois, à Gotsborg (Suède), ayant probablement

Phot. Sartony.

UN CONCOURS DE LANCÉ DE BALLONNETS AVEC CARTE POSTALE, A SAINT-AUBIN-SUR-MER.

passé au-dessus de la Belgique, des Pays-Bas, de l'Allemagne du Nord, du Danemark, et traversé le Sund ; expédiée de suite par celui qui avait trouvé le ballonnet, la carte postale revenait par la poste à Saint-Aubin-sur-Mer, et était remise au concurrent le 30 au soir du même mois d'août : le ballonnet avait donc couvert les 1.300 kilomètres à vol d'oiseau qui séparent Saint-Aubin-sur-Mer de Gotsborg, en cinq jours ou cinq jours et demi.

Le classement se fait selon la distance à vol d'oiseau, c'est-à-dire en ligne droite, de l'endroit de départ du ballonnet à l'endroit où il a été trouvé et d'où la carte postale a été réexpédiée.

Pour évaluer cette distance on se sert de l'échelle en kilomètres de la carte dont on dispose : en traçant une ligne droite du point de départ au point d'arrivée, et en calculant alors le nombre de kilomètres correspondant à l'échelle de la carte.

Ce moyen est le plus simple et le plus pratique.

0   0   0

Course à BICYCLETTE

A la cuiller. — Sur une piste de 50 à 60 mètres de longueur, on construira à l'aide de cordes maintenues par des piquets une route en forme d'*S*, large de 1 mètre, en laissant en avant du point de départ et de la ligne de but un espace libre de 5 mètres.

Règlement. — Chaque concurrent, appelé selon son ordre d'inscription, enfourchera sa bicyclette et la dirigera d'une seule main, en tenant de l'autre une cuiller dans laquelle sera placé un œuf.

Il s'agira, dans le moins de temps possible, après s'être mis en marche, de longer la piste en forme d'*S* sans laisser tomber l'œuf à terre, et sans descendre de bicyclette. Dans le cas où le concurrent laisserait tomber l'œuf, il serait mis hors de course ; dans le cas où il descendrait de bicyclette mais sans faire tomber l'œuf de la cuiller, il lui serait marqué une faute : cela autant de fois qu'il sera descendu de sa machine, qu'il doit enfourcher à nouveau à la place même où il est descendu.

Le départ est donné à l'aide du chronomètre, qui sera instantanément arrêté dès que le concurrent aura touché la ligne d'arrivée. Le classement se fera selon le moins de temps mis à exécuter le parcours.

Si deux concurrents ont le même laps de temps, c'est celui qui aura fait le moins de fautes qui sera déclaré vainqueur.

Au lieu d'une cuiller et d'un œuf, on peut tenir à la main un verre rempli d'eau, dont le contenu sera soigneusement contrôlé à l'arrivée de chaque concurrent. Celui qui aura conservé le plus d'eau dans son verre sera le gagnant.

◊ ◊ ◊

Concours de BICYCLETTES FLEURIES

Ce concours, comme ceux qui entraînent des frais importants pour les concurrents (concours d'animaux costumés, d'ombrelles fleuries, etc. V. ANIMAUX, OMBRELLES), n'a lieu que dans les stations balnéaires et les villes d'eaux, où viennent un grand nombre de personnes aisées.

Comme dans tous les concours ayant un caractère artistique et dont les gagnants sont ceux qui font preuve du plus de goût, les membres du jury doivent être choisis avec discernement, et, si cela est possible, parmi les artistes présents dans la localité, ce jury devant s'abstenir de toute préférence personnelle et posséder une complète indépendance.

Certaines bicyclettes, décorées de simples fleurs des champs, de légères bandes de gaze ou de mousseline, surpassent souvent comme arrangement celles surchargées des fleurs les plus belles et les plus rares, achetées à prix d'or chez les fleuristes ou les horticulteurs.

◊ ◊ ◊

Concours de BILBOQUET

Les meilleurs bilboquets sont ceux fabriqués en buis, et que l'on trouve chez les fabricants de jouets ou dans les grands magasins.

Le bilboquet normal doit peser 1 kilogr. 500. C'est avec

leur; confectionner la queue, selon l'animal, avec des brins
de plume ou des morceaux de bois; faire de même pour le
bec des oiseaux; fabriquer les jambes avec des bouts d'allumettes proportionnés à la taille de l'animal. Pour les oreilles
et la langue, employer des petits morceaux de carton ou
d'étoffe ayant la teinte voulue; coller le tout aux endroits
habituels. On peut se servir d'un couteau pour essayer de
donner au légume la forme qui conviendra le mieux.

Pour les travaux à exécuter avec des fleurs, les poupées
confectionnées avec un coquelicot ou un épi de maïs servi-

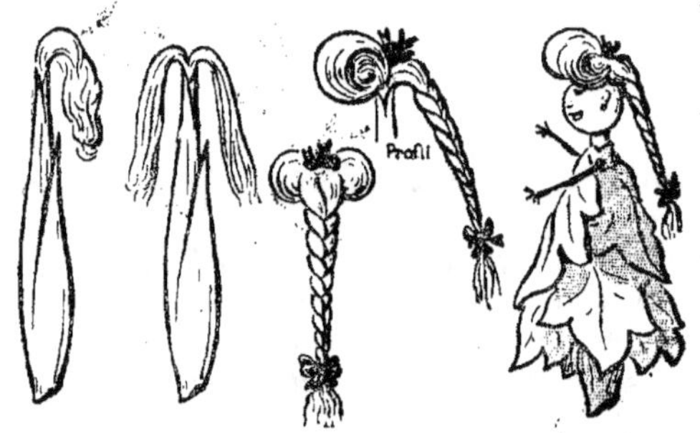

Épis dans leur gaine.   Natte.   Poupée.

POUPÉE CONFECTIONNÉE AVEC UN É   DE MAÏS.

viront d'exemples. Retourner sens dessus dessous la fleur
du coquelicot, la ligaturer avec un brin d'herbe au tiers de
sa hauteur : on aura ainsi le corsage, la jupe et la ceinture
de la poupée; l'ovaire de la fleur formera la tête et la coiffure;
les étamines formeront une gracieuse collerette; couper la
tige du coquelicot à 2 centimètres au-dessous du bord de la
jupe, et enfoncer une autre portion de la tige dans l'intérieur
de la corolle de façon qu'elle dépasse la jupe de la même
longueur que la tige véritable : on aura alors les deux
jambes; enfoncer à travers le corsage une nouvelle portion
de tige du coquelicot, qui formera les bras; un deuxième
coquelicot retourné fournira une belle ombrelle rouge pour
compléter la toilette de la mignonne poupée.

Pour confectionner la poupée avec un épi de maïs, on
s'assoira et, tenant verticalement l'épi entre les genoux,
avec les deux mains libres on lissera la chevelure que l'on
séparera en deux : on fera une natte avec la première moitié,
comme si l'on nattait de vrais cheveux, on attachera ensuite

à l'extrémité un petit ruban, un brin d'herbe; avec l'autre
moitié on fera un rouleau imitant le devant de la coiffure;
on enroulera autour de l'épi, au-dessous de la coiffure, un
bout de chiffon ou une écorce d'orange, sur lesquels on dessinera le nez, les yeux, la bouche, les oreilles avec le pinceau
et l'encre; enfin, on habillera la partie inférieure de l'épi avec
différentes petites feuilles, et on figurera les bras, les jambes
avec de menues brindilles (1).

O O O

Course avec BOTTINES A ENLEVER ET A REMETTRE

Sur une piste de 100 mètres de longueur, plate ou parsemée d'obstacles, on placera de 25 en 25 mètres autant de
chaises ou de tabourets qu'il y aura d'inscrits.

Les concurrents devront être chaussés de la même façon :
souliers de tennis ou de bains de mer, brodequins à boutons
ou à lacets; à la campagne, ils peuvent ne porter que des
sabots. Chacun d'eux sera en possession d'une paire de
rechange.

Règlement. — Une fois en ligne, au signal donné, les concurrents s'élanceront vers la première rangée de chaises,
placée à 25 mètres; y prendront place pour changer aussi
rapidement qu'ils le pourront de chaussures, en les bouton-
nant ou les laçant, selon leur forme, ils repartiront vers la
deuxième rangée, procéderont de même, et recommenceront
semblable manœuvre en arrivant à la troisième rangée; ils
essaieront enfin d'atteindre aussi vite que possible la ligne
d'arrivée.

Ils auront ainsi changé trois fois de chaussures pendant
le parcours.

Le gagnant sera celui qui aura mis le moins de temps à
exécuter ces trois opérations, et qui sera arrivé premier
Mais il faut qu'il soit correctement chaussé.

Si les chaussures sont des brodequins ou souliers à boutons, à lacets, les concurrents devront boutonner, lacer la

(1) Extrait de *200 jouets qu'on fait soi-même avec des plantes*
(Librairie Larousse). Prix : 2 fr. 25.

chaussure de rechange. Toute chaussure dérangée, défaite, placera le porteur hors de course.

Les concurrents pourront ne posséder que les chaussures qu'ils auront aux pieds : dans ce cas, ils devront les enlever dès qu'ils seront assis, puis se rechausser comme il est dit plus haut.

Il est bon de classer les concurrents selon leur âge. (V. COURSES PÉDÉSTRES.)

0   0   0

Concours de BOUGIE A ÉTEINDRE

C'est principalement à la campagne, le jour d'une fête villageoise, qu'a lieu ce concours.

La piste, d'une longueur de 20 mètres, sera limitée à droite

Le concurrent, les yeux bandés, s'avance vers l'escabeau
en essayant de viser la bougie et de l'éteindre avec le jet d'eau.

et à gauche par une rangée de bancs, ou par de fortes cordes maintenues par des piquets, pour empêcher le public de l'envahir et d'être aspergé par le jet d'eau lancé par la seringue, objet dont on aura pris soin de se munir.

Sur un escabeau assez élevé, à 16 mètres de la ligne de départ, on placera une bougie ou une chandelle allumée.

Derrière l'escabeau devra exister un espace libre de 8 à
10 mètres, afin que les assistants placés derrière la chandelle ne soient pas mouillés.

Règlement. — Le concours aura lieu individuellement, selon
l'ordre d'inscription. Chacun des concurrents, placé à la ligne
de départ, aura les yeux soigneusement bandés; le mieux
est de leur envelopper la tête d'une épaisse serviette, pour
éviter toute fraude; la seringue, remplie d'eau et prête à
fonctionner, leur sera remise; au signal du départ, le concurrent se mettra en marche, essayant de se diriger en ligne
droite vers la bougie allumée. Quand il croira être à proximité, il tâchera de viser la flamme avec le bout de la seringue,
et de lancer le jet d'eau dessus pour éteindre la bougie.

Les concurrents pourront recommencer l'épreuve par trois
fois.

Le classement se fera d'après le résultat obtenu.

Si deux ou trois concurrents ont éteint chaque fois la
bougie, ils recommenceront jusqu'à ce que l'un d'eux sorte
vainqueur de l'épreuve.

Naturellement, il est formellement interdit aux assistants
de diriger de la voix les concurrents.

○ ○ ○

Course au milieu de BOUTEILLES

A pied. — Sur une piste de 25 mètres de longueur sur
5 de largeur, on placera en zigzags deux rangées de bouteilles espacées sur tout le parcours de 30 à 32 centimètres.
Un espace de 2^m,50 sera laissé libre en avant de la ligne de
but, et en avant de la ligne d'arrivée; plus les bouteilles
seront nombreuses et rapprochées les unes des autres sur
chaque rangée, plus la course sera intéressante et difficile.

Règlement. — Il s'agit, pour chaque concurrent, de passer
en courant entre les zigzags formés par les bouteilles, dans
le laps de temps le plus court, en renversant le moins de
bouteilles possible. A cet effet, un membre du jury, muni
d'un chronomètre à secondes, le mettra en marche en même
temps qu'il prononcera le mot « Allez », pour arrêter l'instrument dès qu'une autre personne, placée à la ligne de

Collier de lilas et coucous.

Couronne de marguerites.

CONCOURS DE CONFECTION DE COLLIERS, COURONNES, ETC., AVEC DES PLANTES. DES FLEURS.

Phot. Raffaele.

LE DÉPART D'UNE COURSE DE BROUETTES CHARGÉES.

Chaque concurrent pousse sa brouette, un partenaire étant installé dedans.

but, abai.sera un drapeau pour indiquer que le concurrent
a achevé le parcours.

Le laps de temps employé par chaque concurrent sera inscrit sur un carnet, les bouteilles tombées seront comptées,
chacune d'elles comptant pour une faute. Le concurrent qui
aura mis le temps minimum en renversant le moins de bouteilles, sera le gagnant de la course. Les autres se classeront
par ordre d'arrivée, selon le nombre de prix convenu.

o o o

Concours de BRACELETS, COLLIERS, COURONNES, confectionnés avec des perles, des fleurs

On fera une ample provision de fleurs naturelles ou
artificielles, ou de perles en corail, en cristal de Bohême, en
jais, ou dorées, selon les matériaux que l'on voudra employer.

On remettra à chacune des concurrentes la même proportion et variété de perles ou de fleurs, avec du fil, des aiguilles,
de légers fils de fer, matériaux permettant la confection de
l'objet choisi pour le concours.

Règlement. — Une fois en possession des matériaux, chaque
concurrente devra confectionner isolément et en un temps
donné (30, 40 ou 60 minutes) le bracelet, le collier ou la couronne.

Le classement se fera d'après l'arrangement et le goût
avec lesquels l'objet choisi pour être reproduit aura été
confectionné.

o o o

Course de BROUETTES

Avec chargement de grenouilles. — On se procurera
cinq ou *si*x brouettes, toujours faciles à trouver à la campagne, et on aura pris soin, la veille du concours, de faire
provision d'autant de grenouilles que possible.

La piste aura 100 mètres de longueur sur 12 mètres de
largeur. Les concurrents seront divisés en séries, selon leur
âge. (V. COURSES PÉDESTRES.)

Sur chaque brouette seront placées six ou huit grenouilles.

Règlement. — Dès que les grenouilles seront dans les brouettes, les concurrents soulèveront les véhicules et se dirigeront le plus rapidement vers la ligne d'arrivée, essayant de conserver le plus de grenouilles possible. Une ou deux personnes, armées d'un filet à papillons ou d'une épuisette, marcheront derrière les concurrents pour ramasser les grenouilles échappées des brouettes.

Le classement se fera selon le nombre de grenouilles conservées jusqu'à l'arrivée.

A la place de grenouilles on peut placer dans les brouettes

Communiqué par l'*Illustration*

UNE COURSE DE BROUETTES CHARGÉES DE GRENOUILLES.

Les concurrents essayant de conserver dans leur brouette
le plus de grenouilles possible.

cinq ou six verres remplis d'eau, que les concurrents devront essayer de conserver jusqu'au but aussi pleins qu'ils le pourront.

Le classement se fera selon la quantité d'eau conservée par chaque concurrent, quantité que l'on évaluera à l'aide d'un vase gradué.

Concours de BULLES DE SAVON

La bulle de savon est une petite merveille au point de vue de la coloration. C'est la constance de la tension capillaire qui imprime à la bulle de savon une fois libre la

Modèle A.-C. Comes et Cie.

LE LANCEMENT D'UN CERF-VOLANT A HÉLICE.

ficultés c᷾ ᷾e les concours d'aéroplanes (V. ce mot) miniatures. Les cerfs-volants s'élèvent à des altitudes considérables : certains, admirablement construits, atteignent et dépassent 500, 600 mètres; la longueur de la ficelle qui se déroule du moulinet est loin de donner la hauteur réelle atteinte par l'appareil, cette ficelle décrivant toujours un arc de cercle

CONCOURS DE CERFS-VOLANTS.
Goéland (Modèle A.-G. Comes).

très accentué. Le jugement du concours est donc souvent très difficile à porter pour être totalement équitable.

Une méthode qui n'est pas à la portée de tous, c'est d'employer l'instrument de précision qui sert à évaluer les hauteurs : sont deux « théodolites », qui, placés aux extrémités de la base connue, donneront simultanément les angles sous lesquels est vu le cerf-volant, des deux stations. Mais ce procédé n'est pas d'une pratique très courante.

Des concours de stabilité des appareils peuvent également avoir lieu.

Concours de CHAPEAUX FLEURIS

De même que pour les concours d'animaux costumés, de bicyclettes fleuries, de draperies, etc. (V. ces mots), les juges devront être choisis parmi les personnalités présentes qui seront connues par leur réputation d'élégance et de goût.

Les chapeaux à très bon marché, en feutre, en paille, quelles que soient leur forme et leur couleur, peuvent être employés.

On aura pris soin, la veille ou le matin du concours, de faire une ample provision de fleurs variées; si le concours a lieu en hiver, on peut employer les fleurs artificielles. On divisera les fleurs en paquets aussi équitablement que possible, remettant à chacune des concurrentes les mêmes variétés et la même quantité.

Règlement. — Les concurrentes, ayant en leur possession leur provision de fleurs, pourront employer des rubans de différentes couleurs, des bandes de dentelle, des guipures, etc., pour orner, selon leur goût et leur fantaisie, le chapeau à confectionner.

Un laps de temps variant de 20 à 40 minutes est accordé aux concurrentes, qui devront, une fois en possession de tout ce qui est nécessaire pour exécuter leur besogne, s'installer sur la même ligne, à quelque distance les unes des autres, et, au signal donné, se mettre à l'ouvrage.

Dès le signal de fermeture du concours, elles doivent arrêter leur travail, se lever, et se coiffer du chapeau qu'elles viennent de confectionner.

Les membres du jury les passeront en revue, et, après examen, feront sortir des rangs celles qui auront mérité leur attention, puis ils passeront un second examen pour rendre leur verdict.

Ce concours de chapeaux fleuris, que l'on peut exécuter, comme on l'a vu, en hiver, grâce aux fleurs artificielles, est, en même temps qu'une grande distraction, un école de goût et d'élégance pour les petites filles des écoles comme pour les jeunes filles de la société qui se trouvent réunies.

Si l'on veut, on peut remplacer les chapeaux par des bonnets en coton, en tricot ou en toile.

o o o

Phot. Raffaele.

LA CONFECTION DES CHAPEAUX FLEURIS.

Concours de CHIENS

Chiens facteurs. — La longueur de la piste sera de 100 à 110 mètres.

Les chiens seront classés par séries; selon leur race et leur taille, s'ils sont trop dissemblables les uns des autres.

Les chiens de petite taille seront placés à 30 ou 40 mètres du but, ceux de moyenne taille à 60 ou 65 mètres; quant aux chiens de forte taille, ils auront toute la longueur de la piste à parcourir.

Pour rendre la course plus amusante, on pourra placer sur la piste divers obstacles, dont les hauteurs seront proportionnées à la taille des concurrents.

Avant le concours, les membres du jury auront inscrit, sur autant de feuilles de papier qu'il y aura de concurrents, huit ou dix rangées de huit chiffres, semblables, dont l'addition devra être faite par le propriétaire de chaque animal, chaque feuille étant placée dans une enveloppe cachetée portant le nom du maître du chien, enveloppe qui sera attachée au collier de chaque concurrent.

Règlement. — Chaque maître amènera son chien, en le tenant en laisse, à l'endroit d'où il doit partir, selon la catégorie à laquelle il appartiendra; il confiera l'animal à une personne choisie par lui, qui enlèvera la laisse, et maintiendra le chien par son collier.

Les maîtres longeront la piste à reculons, selon les conventions, et gagneront la ligne d'arrivée.

Au signal donné, les chiens seront lâchés *en même temps,* les maîtres pouvant les appeler par leur nom.

Aussitôt que les chiens seront arrivés auprès de leurs maîtres, ces derniers s'empareront des enveloppes, les ouvriront, et feront l'addition le plus rapidement possible. Celui qui aura le premier achevé son addition lèvera de suite le bras en l'air : un membre du jury s'emparera de la feuille de papier, et y inscrira le nom du concurrent; et il fera de même au fur et à mesure que les autres propriétaires de chien, ayant achevé leur travail lèveront le bras.

Toutes les feuilles étant récoltées, la vérification de chaque addition aura lieu. Si celui qui a le plus vite fait l'addition n'a pas fait d'erreur, il sera le gagnant du concours; dans le cas contraire, les membres du jury feront le classement selon le temps le plus court mis à faire l'addition, et d'après le minimum de fautes.

Chiens policiers. — On connaît les succès obtenus depuis quelques années par les chiens policiers ou de contre-braconnage. Ces succès ont donné l'idée d'organiser des concours ayant un certain rapport avec ces grandes épreuves canines, mais avec cette différence qu'au lieu de se mettre à la recherche d'un malfaiteur c'est leur maître qu'ils doivent trouver, dans le moindre temps possible.

Le meilleur terrain pour ce concours sera un carrefour au centre d'un bois, d'un parc ou d'un grand jardin, endroits devant autant que possible posséder à quelque distance un bâtiment quelconque, ayant deux, trois ou quatre pièces, dans l'une desquelles le maître se dissimulera.

Règlement. — Le propriétaire de chaque concurrent amènera son chien à l'endroit où le lâcher de l'animal sera donné, et il le confiera à une personne choisie par lui; puis, si l'épreuve a lieu au milieu d'un bois ou d'un parc, le maître s'éloignera après avoir caressé son chien, lui avoir parlé comme s'il le quittait définitivement, puis s'en ira à 200 ou 250 mètres, et se dissimulera dans un bosquet, un fourré, ou dans un bâtiment voisin, de manière à ce qu'il soit invisible, que son chien n'ait pu voir la direction prise et l'endroit où il sera dissimulé.

Quand le maître sera bien caché, sur l'ordre d'un membre du jury, qui tiendra un chronomètre à secondes, le chien sera lâché; il se mettra alors à la recherche de son maître, et tâchera de le retrouver aussi rapidement que possible.

Le vainqueur du concours sera le chien qui aura mis le moins de temps pour retrouver son maître.

Il est interdit à celui-ci, à moins de conventions contraires, d'appeler son chien, et de faire n'importe quel bruit pouvant déceler l'endroit où il est caché. Des membres du jury doivent veiller à l'observation de ces règles.

Comme certains chiens n'ont pas l'odorat assez développé, il peut être convenu que les maîtres, en s'éloignant, pourront semer un nombre égal d'objets leur appartenant, sur le parcours suivi par eux pour gagner leur cachette : mouchoir, gant, foulard, etc.

◊ ◊ ◊

Communiqué par l'*Illustration*.

AU MILIEU DES OBSTACLES.

Concours au COLIN-MAILLARD AVERTISSEUR

La piste aura de 50 à 60 mètres de longueur ; sur son parcours seront disséminés des bouteilles vides, des pots à fleurs. Une jeune fille et un jeune homme se seront entendus pour être partenaires, former un couple. La jeune fille aura les yeux bandés, le jeune homme dirigera sa marche à l'aide de rubans servant de guides, qui seront attachés à ses bras ; — à moins que le contraire ne soit convenu.

Règlement. — Les couples concourront deux par deux ou trois par trois, selon le nombre d'ustensiles que l'on pourra placer sur le terrain. Le couple qui arrivera le premier en renversant le moins possible de bouteilles ou de pots à fleurs sera le gagnant de la série, puis il devra se mesurer avec le couple gagnant de la seconde série ; et ainsi de suite, jusqu'à ce qu'il soit éliminé ou qu'il ait eu la chance de battre tous les vainqueurs de toutes les séries.

Selon les conventions, le conducteur peut ou non avertir de la voix son partenaire, pour l'empêcher de faire tomber un objet ; il peut aussi diriger de la même manière deux personnes marchant devant lui.

Au lieu de procéder comme il vient d'être dit, le partenaire pourra marcher à reculons, mais toujours les yeux bandés ; son compagnon marchera régulièrement devant lui, le dirigeant avec la voix.

Les assistants doivent s'abstenir de donner tout avertissement aux concurrents.

o o o

Concours de COLORIAGE

On achètera quelques gravures non coloriées, une trentaine de petits pinceaux, et une gamme de différentes couleurs. On distribuera à chaque concurrent une des gravures, deux pinceaux, et le même nombre de couleurs. On lui donnera un laps de temps qui pourra varier de 30 à 60 minutes, selon l'importance du sujet, pour l'exécution du travail.

Il est bon, si les concurrents travaillent en même temps,

de les placer assez éloignés les uns des autres, afin qu'ils ne puissent copier le travail du voisin.

Règlement. — Il est fort simple, puisque ce sont les gravures les mieux coloriées, selon le sens artistique de chaque exécutant, qui seront classées les premières.

◊ ◊ ◊

Concours de CONSTRUCTIONS

Les concours de constructions : châteaux, maisons, machines et véhicules de toutes sortes, gare de chemin de fer et tous les accessoires qu'elle comporte, élévateurs, grues, ponts, etc., dont les matériaux, selon les sujets, sont en bois, en pierre ou en acier, plaisent infiniment aux enfants, qui trouvent un grand plaisir à exécuter ces travaux d'adresse qui sont en même temps des plus instructifs pour les petits ouvriers.

C'est surtout dans les écoles primaires et secondaires que ces concours peuvent être exécutés avec profit, quand le mauvais temps empêche les jeux et divertissements en plein air ; beaucoup de personnes, dont l'exemple est à suivre, font don à une école à laquelle elles s'intéressent d'une ou plusieurs de ces constructions, dont le prix peut varier de 10 à 60 francs, selon la matière employée, sa fabrication et ses dimensions.

Il suffit de renverser sur une table la boîte contenant les pièces de la construction, et de les mêler. Le concours pourra s'exécuter individuellement ou par séries de deux participants concourant ensemble.

Règlement. — Un laps de temps donné, qui varie selon l'importance de la construction à exécuter, est accordé aux concurrents. Le classement se fera selon le temps mis à confectionner le sujet. Si la construction est importante, on pourra interrompre le travail, pour le reprendre à une autre séance ; on tiendra alors compte du temps consacré à la première séance, pour procéder de même si plusieurs séances sont nécessaires, puis on fera la somme du temps employé. Entre chaque séance, le travail de construction sera placé sous clef,

Phot. de Mme Chavannes.

CONCOURS DE SAUT A LA LONGUE CORDE

afin qu'il ne soit pas dérangé, puis rapporté aux concurrents tel qu'il était à la fin de la séance précédente. Le
classement se fera selon le temps mis à exécuter la construction.

o   o   o

Concours de saut à la CORDE

Il y a deux sortes de concours de saut à la corde : à la
« petite » et à la « longue corde ».
Ils devront avoir lieu sur un terrain légèrement sablé, ou
sur un sol dallé ou bitumé.

Règlement. — Le classement des concurrents se fera d'après
l'adresse et l'habileté avec lesquelles ils auront exécuté les
mouvements convenus, pendant un laps de temps arrêté
d'avance par le jury, temps qui doit varier selon leur âge :
entre 2 et 5 minutes au maximum, pour éviter tout surmenage dangereux.
Tout arrêt comptera pour une faute, tout faux mouvement
pour une demi-faute.

La petite corde. — Le concurrent manœuvrera la corde
en la tenant par les deux bouts, exécutant des passes
variées, soit sur place, soit en marchant.
En marchant. — C'est l'exercice le plus simple; il consiste à tourner la corde en marchant, et à la faire passer
d'abord sous le pied gauche au moment où il est près de toucher la terre, puis sous le pied droit qui se lèvera au moment où la corde rasera le sol, et devra toucher terre lorsque
la corde sera au-dessus de la tête.
En sus de l'adresse et de l'habileté exigées, c'est le concurrent qui aura parcouru la plus longue distance dans le laps
de temps convenu qui sera le vainqueur.
A pieds joints. — Le concurrent fera tourner la corde de
la même façon, mais les pieds réunis toucheront et quitteront la terre en même temps, et, sans changer de place, on
fera passer la corde sous les pieds au moment où ils quitteront le sol.
On pourra toucher terre deux fois avec les pieds, pendant
que la corde fera le tour; mais, en imprimant à la corde

un mouvement plus vif, on pourra aussi ne toucher terre qu'une seule fois. Enfin, si l'on fait tourner la corde encore plus vite, on pourra la faire passer deux fois sous les pieds pendant qu'ils toucheront une fois terre.

La croix. — Consiste à croiser les deux bras sur la poitrine au moment où la corde va passer sous les pieds, puis à les développer et à les refermer rapidement.

En liberté. — Quand les concurrents seront très habiles, ils pourront pratiquer des exercices nouveaux, autant que leur imagination leur en suggérera. C'est alors celui qui aura montré le plus d'adresse, d'agilité, de variété qui sera déclaré vainqueur.

La longue corde. — Elle doit avoir de 3 à 6 mètres, être manœuvrée par des personnes en ayant l'habitude et connaissant parfaitement les diverses manières de la faire tourner.

Le concurrent devra saisir le moment où la corde sera en l'air, au point le plus élevé de sa rotation, pour se jeter dessous. S'il trouve que la corde tourne trop lentement, il criera : « *Vinaigre!* »; à ce commandement les deux joueurs qui tourneront augmenteront la vitesse. Si, au contraire, la corde tourne trop vite, le sauteur criera : « *Huile!* »; alors on ralentira le mouvement.

Pour sortir du jeu, le sauteur choisira le moment où la corde vient de passer sous ses pieds, et il s'échappera du côté opposé à celui où il est entré. — Le concurrent qui manquera son entrée ou sa sortie, qui arrêtera la corde avec ses pieds sera éliminé.

◊ ◊ ◊

COURSES MONTÉES

A âne, ordinaire. — La longueur de la piste, qui devra être close pour empêcher le public d'y pénétrer, dépendra de l'âge des concurrents, lesquels, par prudence, ne doivent pas avoir moins de dix ans, des chutes pouvant se produire. Il est bon que chacun d'eux soit accompagné d'un membre de sa famille, ou d'une personne amie, qui se tiendra près de lui pour l'empêcher de tomber.

De dix à treize ans, la course doit se faire sur un terrain plat; passé cet âge, on pourra y parsemer divers obstacles

Phot. Raffaele

LE DÉPART D'UNE COURSE A ANE, ORDINAIRE.

tombant au premier choc, ainsi que fossés peu profonds à traverser, dos d'âne à sauter, etc.

Il est préférable que la piste ne soit pas trop longue, et de faire revenir les concurrents au point de départ, en les obligeant de virer autour d'un drapeau placé à 50, 60 ou 80 mètres.

Pour les concurrents de 15 ans et plus, on pourra alors leur faire couvrir deux fois le parcours.

Règlement. — Il est fort simple et ne demande aucune explication, puisque le classement se fait d'après l'ordre des arrivées. Mais si un concurrent descend ou tombe de sa monture et que cette monture continue à marcher, un membre du jury devra obliger le concurrent à faire revenir sa monture à la place où il a mis pied à terre et à remonter à cette même place.

Les obstacles doivent être sautés le cavalier étant sur le dos de l'animal; en cas de chute, le concurrent devra ramener l'animal devant l'obstacle, remonter dessus, et essayer de passer sans encombre.

Course avec aiguille à enfiler. — Ce divertissement exige deux partenaires : une jeune fille ou une dame et un jeune homme ou un homme d'âge mûr. Il se pratique, du côté de la jeune fille ou de la dame, aussi bien à cheval ou à âne qu'à bicyclette. C'est surtout dans les endroits mondains que le cheval est employé, comme à Deauville, Houlgate, Dinard, Biarritz, Vichy, Pau, etc.

Quand les concurrents seront à cheval, la piste aura une longueur plus considérable, soit 200 à 300 mètres, à moins que l'on ne préfère virer à moitié du parcours et revenir au point de départ.

Chacune des concurrentes sera en possession d'une aiguille de même forme et de même grandeur; tandis que les partenaires du sexe fort tiendront un fil extrait d'une même pelote.

Règlement. — Les concurrentes, une fois en selle, piqueront l'aiguille à leur corsage; le partenaire de chacune d'elles, tenant en main son bout de fil, se placera à la ligne d'arrivée si la course a lieu en ligne droite, ou restera à sa place si la course comporte un virage.

Au signal donné, les écuyères piqueront des deux, iront

droit devant elles, ou, exécutant le virage, se dirigeront vers leur partenaire, à qui elles remettront leur aiguille; ce dernier devra l'enfiler avec le fil qui est en sa possession, rendre l'aiguille à l'écuyère, qui exécutera, pour revenir, le même parcours, portant l'aiguille enfilée à son corsage.

Le classement se fera par ordre d'arrivée des écuyères. Dans le cas où l'une d'elles perdrait son aiguille ou le fil, elle serait mise hors de course.

Course aux changements de vêtements. — On placera au centre du parcours autant de sièges (chaises, pliants, tabourets) qu'il y aura de concurrents. Sur chaque siège seront disposés une jupe, un tablier, un chapeau ou un bonnet, une ombrelle, etc.

Règlement. — Les concurrents, montés à bicyclette, à âne ou à cheval, partiront au signal du départ, descendront de leur monture près des sièges, passeront la jupe, accrocheront par-dessus le tablier, se coifferont du chapeau ou du bonnet, ouvriront l'ombrelle, remonteront à bicyclette, à âne ou à cheval, et tâcheront d'arriver le plus vite possible au but.

Tout concurrent qui perdrait un vêtement ou un objet serait éliminé de la course.

Course aux cigares allumés. — Au centre du parcours sera disposée une table sur laquelle il y aura autant de cigares, de cigarettes et de boîtes d'allumettes que de concurrents.

Règlement. — Les concurrents, à âne, à cheval ou à bicyclette partiront au signal, s'arrêteront devant la table, mettront pied à terre, allumeront leur cigare ou leur cigarette, remonteront en selle et se hâteront de gagner la ligne d'arrivée, où le classement se fera selon l'ordre.

Tout cigare non allumé ou éteint mettra le concurrent hors de course.

Course aux citrons, oranges, etc., à couper. — Au milieu du terrain on enfoncera des piquets hauts de 1 mètre, sur lesquels on fixera des citrons, oranges ou autres fruits de saison.

JEUX. 52.

Phot. Raffaele.

L'AIGUILLE A ENFILER.

Règlement. — Chaque concurrent partira à tour de rôle, monté sur un âne, à cheval, ou à bicyclette, et portant un sabre avec lequel il devra couper le fruit en deux en passant devant le piquet qui le supporte, sans s'arrêter, et arriver au but. Pour que le coup soit bon, le fruit devra être entièrement coupé, et non pas seulement entaillé.

Le gagnant sera celui qui aura coupé le plus de fruits dans le moins de temps possible. Si deux concurrents ont le même nombre de points, ils recommenceront jusqu'à ce que l'un d'eux soit vainqueur.

On peut supprimer le sabre, et se contenter de faire saisir les fruits à la main ou avec une paire de pincettes.

Course au cochon, ou autre animal, en baudruche. — On prendra soin d'acheter quatre ou cinq animaux en baudruche ; à leur défaut on pourra confectionner un même nombre de sacs remplis de paille, recouverts de toile noire. On se procurera quatre ou cinq perches, longues de deux mètres environ. On recouvrira la pointe de chaque perche d'un tampon. Au moment de l'épreuve, on trempera le tampon dans du plâtre assez liquide, ou dans de la craie.

Règlement. — Les concurrents seront partagés en deux camps : les poursuivis et les poursuivants. Tous seront montés à bicyclette, à âne ou à cheval. Les premiers se placeront à dix mètres en avant des seconds ; ils traîneront derrière eux, à l'aide d'une assez forte ficelle, l'animal en baudruche, ou le sac ; les seconds tiendront la perche dont le tampon sera imbibé de plâtre ou de craie.

Au signal du départ, les concurrents se mettront en marche, les poursuivis essayant d'empêcher que l'objet qu'ils traînent à leur suite ne soit touché, les poursuivants essayant de toucher de leur tampon cet objet.

La piste pourra avoir une longueur de 250 à 300 mètres, ou comporter un virage et n'avoir alors que la moitié de cette longueur.

Le camp gagnant sera : soit celui des poursuivis, si les objets n'ont pas été ou ont été le moins souvent touchés par les tampons, soit le camp des poursuivants s'ils ont réussi à toucher souvent les baudruches ou les sacs. On peut faire concourir les inscrits par couple : le poursuivi et le poursuivant.

Les tampons laissant des traces blanches sur les animaux

en baudruche ou les sacs, ces taches, d'après leur nombre, indiquent à quel camp ou à quel concurrent doit revenir la victoire.

Course à la cuiller et à l'œuf. — Cette course est très simple. Chaque concurrent, monté à bicyclette ou à âne, tiendra dans une main une cuiller dans laquelle sera un œuf.

Le classement se fera selon l'ordre des arrivées, pourvu, naturellement, que l'œuf ne soit pas tombé de la cuiller.

Course aux lettres. — On prendra soin, avant la course, d'inscrire, sur autant de feuilles de papier qu'il y aura de concurrents, cinq ou six rangées de cinq ou six chiffres, destinées à être ensuite additionnées. Chaque feuille de papier sera introduite dans une enveloppe cachetée.

Des couples de jeunes filles et de jeunes gens s'entendront pour être partenaires et participer ensemble à l'épreuve.

Règlement. — Les jeunes filles se placeront à la ligne d'arrivée, les jeunes gens à la ligne de départ.

Les jeunes gens, montés à bicyclette ou à âne, et portant chacun une enveloppe, s'élanceront, au signal du départ, vers la jeune fille qui sera leur partenaire, et lui donneront l'enveloppe, qu'elle ouvrira ; chaque jeune fille fera l'addition des chiffres aussi vite qu'elle le pourra, et rendra la feuille de papier à son propriétaire. Les jeunes gens remonteront sur leur monture, et reviendront vers la ligne de départ.

Le classement se fera d'après l'ordre des arrivées, pourvu que le résultat de l'addition soit exact.

Toute erreur dans l'addition comptera pour une faute.

Course au mouchoir. — Au centre du parcours, on placera autant de piquets qu'il y aura de concurrents. Si leur nombre dépasse cinq ou six, on pourra les faire concourir par séries. Chaque concurrent devra s'entendre pour cela avec une demoiselle, ou une dame, qui placera son mouchoir sur un piquet.

Règlement. — Les dames ou demoiselles se placeront sur la ligne d'arrivée ; chacune aura en face d'elle, à la ligne de départ, son partenaire. Au signal donné, les concurrents s'élanceront montés sur leur bicyclette ou à âne, prendront le mouchoir de leur partenaire, et essaieront de le lui remettre le plus vite possible.

Phot. Raffaele

L'ARRIVÉE D'UNE COURSE PLATE

Phot. Delanoue.

LA TRAVERSÉE DES FUTAILLES.

La dame qui aura reçu la première son mouchoir partagera le prix avec le coureur qui le lui aura remis.

Course au postillon. — Les concurrents, montés à bicyclette ou à âne, tiendront en main une autre bicyclette ou un autre âne ; au centre du parcours, indiqué par un drapeau, ils changeront de monture, poursuivront leur chemin jusqu'à la ligne d'arrivée, changeront une deuxième fois de bicyclette ou d'âne, reviendront au centre, changeront une troisième fois de monture, et essaieront de revenir à la ligne de départ en tenant toujours la seconde monture en main.

Le classement se fera d'après l'ordre des arrivées.

0   0   0

COURSES PÉDESTRES

Ordinaire. — Les courses à pied, auxquelles participent des jeunes enfants et des adolescents, ne doivent être pratiquées que par ceux qui sont bien constitués et qui ne sont atteints d'aucune maladie du cœur ou des poumons.

Même étant dans un état de santé normal, il faut, avant de participer à ces épreuves, qu'ils suivent un entraînement raisonné et progressif. Bien des réunions sont gâtées par suite d'indispositions subites, presque toujours heureusement sans gravité ; elles surviennent pendant ou après la course, par suite de l'ignorance où sont les organisateurs du concours, ainsi que les concurrents et leurs parents, au sujet des précautions à prendre.

Règlement. — Les distances à parcourir pourront être les suivantes :

Pour les enfants de 7 à 10 ans . . . .   50 mètres.
     —   10 à 13 —   70   —
     —   13 à 15 — 100   —

A partir de 15 ans, la distance à parcourir ne doit pas dépasser 150 mètres.

Les obstacles devront toujours être *mobiles,* c'est-à-dire pouvoir tomber au moindre choc. Les meilleurs sont les ficelles, les rubans, tendus à hauteur convenue, entre deux piquets ; des dos d'âne, des fossés peu profonds remplis d'eau.

Pour maintenir les ficelles et les rubans bien horizontaux et bien rectilignes, il suffira d'accrocher à chaque extrémité un morceau de bois ou une pierre, faisant office de poids, qui tiendra la corde ou le ruban tendu, sans l'empêcher de tomber au moindre choc des pieds des concurrents.

Course avec futailles à traverser. — On se procurera, avant la course, une demi-douzaine de futailles sans fonds, en ayant soin de s'assurer qu'aucun clou ni aucune éraflure du bois n'existe à l'intérieur, pour éviter aux concurrents les écorchures, et que leurs vêtements ne soient déchirés.

On placera à une distance donnée, selon les séries, les futailles deux par deux ou trois par trois, à côté l'une de l'autre mais sans qu'elles se touchent.

Règlement. — Les concurrents devront traverser les futailles. Le classement se fera selon l'ordre des arrivées.

Course avec genoux liés. — On classera les concurrents par séries, selon leur âge, ou on les handicapera comme il est dit plus haut.

On attachera les concurrents deux par deux : celui qui sera à gauche aura la jambe droite liée à la jambe gauche de son partenaire au moyen de deux mouchoirs ou de deux bandes d'étoffe de longueurs proportionnées, la première passant au-dessus du genou de chaque concurrent, la seconde au-dessus de la cheville.

Règlement. — Chaque couple devra faire concorder ses mouvements, car c'est là qu'est la difficulté de cette course.

Le couple dont une attache se dénouera devra rester immobile jusqu'à ce qu'il se soit fait rattacher, par un membre du jury; il poursuivra ensuite son chemin.

Course avec nœud de cravate à dénouer et à renouer. — On classera les concurrents par séries, selon leur âge.

Chaque concurrent devra avoir pour partenaire une petite fille ou une jeune fille, avec laquelle il se sera entendu d'avance.

Règlement. — Les petites filles ou les jeunes filles se placeront à peu de distance les unes des autres, à la ligne d'arrivée des coureurs, selon le trajet que devront parcourir les cou-

JEUX. 56.

Phot. Rol.

COURSE AVEC GENOUX LIÉS.

Les concurrents, liés deux par deux, sont à leur place de départ selon leur âge et leur handicap.

Phot. Raffaele.

LE PASSAGE SOUS UN DRAP ÉTENDU.

reurs d'après la série à laquelle appartiendra leur partenaire.

Les concurrents devront porter *de mêmes cravates,* pour que les nœuds se défassent et se refassent avec la même facilité ou la même difficulté. On pourra employer des foulards ou des cravates dites « lavallières », toujours faciles à se procurer.

Dès le signal du départ, chaque concurrent se dirigera vers la petite fille ou la jeune fille choisie comme partenaire, laquelle devra défaire le nœud de la cravate et le refaire aussi rapidement et aussi correctement que possible. Le concurrent fera alors volte-face et reviendra aussi vite qu'il le pourra à la ligne de départ, qui deviendra ainsi la véritable ligne d'arrivée.

Le classement se fera selon l'ordre des arrivées, mais le nœud de cravate ne doit pas être défait. Dans ce cas le concurrent serait éliminé.

Course à obstacles divers. — L'organisation est la même que pour les courses pédestres ordinaires (V. plus haut), mais les courses d'obstacles, nécessitant des efforts physiques assez considérables, ne devront être pratiquées que par des jeunes gens âgés d'au moins 15 ans.

Règlement. — Sur la piste seront disposés de 25 mètres en 25 mètres différents obstacles, que les concurrents devront sauter et franchir aussi lestement que possible, pour arriver au but dans le moins de temps.

La variété des obstacles dépend des ressources de l'endroit où l'on se trouve.

Ce sont principalement : un drap étendu et cloué sur le terrain, une brouette, un camion, un fourgon, un haquet, ou tout autre véhicule, que l'on placera en travers sur la piste.

Les concurrents devront passer sous le drap étendu, sauter par-dessus les véhicules, et arriver au but aussi vite que possible.

Course avec œuf dans une cuiller. — On classera les concurrents par séries selon leur âge, comme il est dit plus haut. La piste pourra être plate, ou parsemée d'obstacles.

Règlement. — Chaque concurrent tiendra avec la main une cuiller à soupe dans laquelle sera un œuf.

Dès le signal du départ donné, il se mettra en marche, essayant de ne pas laisser tomber l'œuf de la cuiller. Le gagnant sera celui qui arrivera le premier au but tout en ayant conservé l'œuf dans la cuiller.

Pour rendre la course plus difficile, les concurrents peuvent tenir une cuiller contenant un œuf, dans chaque main.

Course en arrière. — La piste aura 100 mètres de longueur sur 12 de largeur.

Des obstacles : fossés, dos d'âne, barrières ou cordes, élevés de 10 à 12 centimètres du sol, rendront ces courses plus difficiles et plus amusantes.

Dans le cas où les concurrents ne seraient pas du même âge, les plus jeunes auront une avance de 10, 20, 30 mètres sur la ligne de départ. (V. COURSES PÉDESTRES.)

Règlement. — Les concurrents devront parcourir la piste en marchant absolument en arrière, sans se diriger de côté. Dans le cas de chute, cas assez fréquent, le concurrent qui sera tombé reprendra sa place, dès qu'il se sera relevé, à l'endroit exact où ses pieds se trouvaient lorsqu'il a trébuché.

Le gagnant sera celui dont le dos aura touché le premier la corde tendue à l'arrivée.

Sac. (V. COURSE EN SAC.)

Courses d'animaux, d'ânes, de bagues, à bicyclette, de bottines à enlever; au milieu de bouteilles; de brouettes, de cerceaux, aux déguisements, d'embarcations, en sac, aux valises, etc. (V. ces mots.)

❍ ❍ ❍

Concours de CROQUET

Les concours de croquet sont très pratiqués sur les plages et à la campagne; ce jeu est si connu, que nous ne nous y arrêterons pas, renvoyant aux ouvrages publiés par la Librairie Larousse, dans lesquels on trouvera tous les renseignements désirables (1).

---

(1) *Les Sports modernes illustrés,* encyclopédie sportive illustrée. Broché, 20 fr.; relié, 26 fr. — *Lawn-tennis, Golf, Croquet, Polo* (*Bibliothèque Larousse,* série sportive); 2 fr.

JEUX. 58.

Phot. Delanoue.

UNE COURSE AVEC ŒUF DANS UNE CUILLER.

UNE PARTIE DE CROQUET AU JARDIN DU LUXEMBOURG, A PARIS.

Course aux DÉGUISEMENTS

On partagera la piste en deux par une ligne droite. Sur cette dernière, on tracera autant de cercles concentriques qu'il sera nécessaire, ou selon le nombre de concurrents, en disposant au milieu de chaque cercle : jupon, veste, pantalon, tablier, chapeau, casquette, etc. On placera trois ou quatre de ces vieux vêtements dans chaque cercle, en tâchant qu'ils soient les mêmes partout, pour éviter d'avantager certains concurrents.

Règlement. — Au signal de départ, les concurrents s'élanceront vers la ligne de démarcation, s'arrêteront devant un des tas de vêtements, endosseront ces derniers aussi rapidement que possible, et continueront leur chemin.

Le classement se fera selon l'ordre des arrivées, mais les vêtements doivent tenir au corps.

Si l'on ne dispose pas d'assez de vieux vêtements, on peut faire courir individuellement chaque concurrent, en tenant compte du temps mis par chacun à exécuter le parcours; ou bien deux par deux, le gagnant de chaque série se mesurant avec le gagnant de la série suivante.

0   0   0

Concours de DRAPERIES

De même que pour tous les concours ayant un caractère artistique, celui de draperies, très élégant, demandera pour juges des personnes de goût et n'ayant aucune préférence pour tel concurrent ou telle concurrente. Les personnes des deux sexes et de tout âge pourront y participer.

Les concurrents ou concurrentes auront le choix entre une grande variété de parures : tentures souples, draps légers, couvertures de différentes couleurs, soieries, etc., tout pourra être employé, selon le goût de chacun, pour se draper le plus élégamment possible. On pourra essayer de reproduire les façons élégantes de se draper des sénateurs ou patriciens et patriciennes de l'ancienne Rome, des Arabes, etc.

Pour la tête, les concurrentes emploieront des dentelles, des guipures, des mantilles ou des foulards légers. Elles essaieront d'imiter la grâce avec laquelle les Espagnoles, Italiennes, Algériennes savent recouvrir artistiquement leur visage.

Règlement. — Un laps de temps qui pourra varier de 10 à 15 minutes est accordé aux concurrents, et, afin qu'il n'y ait pas copie ou imitation, on fera bien de les envoyer se draper dans des locaux séparés. Ils se montreront ensuite tous ensemble devant les juges, après le temps convenu.

Les membres du jury passeront alors la revue des concurrents, et rendront leur verdict aussi impartialement que possible.

o o o

Concours d'ÉCRANS EN PAPIER

Balles, volants à projeter au travers d'un écran. — On confectionnera avant le concours un grand nombre d'écrans en papier léger, à l'aide de cerceaux, de cercles de tonneaux de grandeurs variées.

Un membre du jury se placera à 12 mètres en avant de la ligne d'où les objets seront lancés, tenant à bras tendu et aussi haut que possible un écran.

Règlement. — Chaque concurrent, tenant une raquette, essaiera de lancer une petite balle ou un volant au travers de l'écran; il pourra recommencer trois fois l'épreuve. Le classement se fera selon le nombre de réussites de chaque concurrent, ou bien selon la distance la plus éloignée d'où aura été lancé l'objet; la personne tenant l'écran reculera pour cela à 15, 20 mètres, etc., quand tous les concurrents auront achevé une des épreuves; dans ce dernier cas, c'est celui qui aura lancé sa balle ou son volant au travers de l'écran, de l'endroit le plus éloigné, qui sera déclaré vainqueur.

o o o

Marbre de Guillaume.   Phot. Moreau frères.

MARIAGE ROMAIN.

L'époux est drapé dans sa *toge*,
l'épouse maintient de la main gauche la *stola* qui recouvre sa tunique.

Course d'EMBARCATIONS

Si l'on dispose, dans un jardin ou dans un parc public ou privé, d'un bassin peu profond et de grandeur suffisante, les courses d'embarcations à voiles ou mues par un système mécanique seront des plus intéressantes.

On classera autant que possible les embarcations par séries, selon leur genre, leur proportion et leur valeur mécanique.

Les courses pourront avoir lieu en ligne droite, ou avec virage.

Règlement. — Dans les courses à voiles, les concurrents auront le droit de se servir, à moins de convention contraire, d'une baguette ou perche flexible *de même longueur,* pour aider l'embarcation à poursuivre son chemin, ou la remettre à flot si elle venait à chavirer; mais ils ne pourront s'en servir pour *pousser* l'embarcation en avant.

Les membres du jury devront donc surveiller les concurrents, pour empêcher toute manière de procéder contraire à cette règle.

Dans les courses d'embarcations mécaniques, les concurrents ne pourront remonter le système d'horlogerie qu'au moment du départ, à moins de convention contraire.

Le classement se fera d'après l'ordre des arrivées.

0 0 0

Concours d'ENFANTS COSTUMÉS

Ce concours exige certains frais de la part des parents des enfants qui y participent; aussi n'ont-ils habituellement lieu que pendant la belle saison, au bord de la mer ou dans les villes d'eaux. C'est ordinairement le jour de la fête de la localité, qu'ils sont organisés; si le temps le permet, un défilé a lieu sur la plage, la digue, et dans les principales rues. Les membres du jury, en un endroit convenu pour la réunion et la dislocation des concurrents, passeront l'examen des costumes, et rendront leur arrêt.

Le défilé permet d'entendre les réflexions du public, et de préjuger la décision des arbitres.

Beaucoup de parents rivalisent de luxe pour travestir leurs enfants; et pourtant certaines mères de famille utilisent avec tant de goût les reliquats de leur garde-robe, confectionnent un travestissement avec tant d'art et d'adresse, habillent si gracieusement leurs enfants, que les costumes les plus riches sont assez souvent éclipsés, et que les plus simplement habillés remportent les suffrages des spectateurs et des membres du jury.

Pour le costume à choisir, tout dépend de l'initiative, du tact des parents, et aussi de la manière dont il est porté par le petit concurrent ou la petite concurrente.

o o o

Concours d'ÉPLUCHAGE DE POMMES DE TERRE

Au régiment, les soldats chargés de préparer la « popote » s'amusent souvent entre eux à qui épluchera le plus de pommes de terre, ou autres légumes, en un temps donné.

On achètera une bonne provision des tubercules en question, de manière à ce que les concurrents en reçoivent chacun une douzaine.

Règlement. — Devant chaque concurrent sera placé un plat quelconque; il épluchera le plus rapidement, mais le plus soigneusement possible, sa provision, jetant au fur et à mesure les pommes de terre épluchées dans le plat posé à ses côtés.

Celui qui aura le plus vite achevé sa besogne sera le vainqueur.

Il faut que la pelure des tubercules soit proprement enlevée, et non brutalement coupée ou hachée.

o o o

Concours-course de FLEURS A CHOISIR

Les organisateurs auront pris soin d'acheter ou de récolter dans les champs une grande variété de fleurs, dont plusieurs devront être généralement aussi peu connues que possible.

Phot. Raffaele.

UN CONCOURS DE FLEURS A CHOISIR.

Au moment de l'épreuve, les fleurs seront disposées sur une table. Cinq ou six petites filles ou jeunes filles, selon le nombre des concurrentes et concurrents, se tiendront debout près de cette table.

Un même nombre de petits garçons ou de jeunes gens seront placés à une distance convenue, selon leur âge. Chacun d'eux sera en possession d'une enveloppe cachetée, contenant une feuille de papier sur laquelle seront inscrits les noms de six, huit ou dix variétés de fleurs. Toutes les enveloppes devront contenir la même liste de fleurs, dont les variétés auront été choisies au dernier moment par les membres du jury, et seront connues d'eux seuls.

Règlement. — Au signal du départ, les jeunes gens ou les petits garçons s'élanceront vers la table où seront déposées les fleurs, remettront leur enveloppe à la personne choisie préalablement par chacun d'eux ; cette personne ouvrira l'enveloppe et essaiera, en lisant la liste des fleurs, de choisir le plus rapidement possible les variétés demandées, parmi celles étalées sur la table. Et la personne qui aura achevé la première sa besogne donnera les fleurs au petit garçon ou au jeune homme, qui devra revenir aussi vite que possible, avec les fleurs et la feuille de papier, à l'endroit du départ, remettre le tout aux membres du jury, en même temps qu'il donnera son nom et celui de sa partenaire.

Le classement se fera selon l'ordre d'arrivée des concurrents. En cas d'erreur sur le choix des fleurs demandées, il sera compté une faute, à déduire sur le temps d'arrivée.

Les gagnants partageront leur prix avec la petite fille ou la jeune fille à laquelle ils auront remis l'enveloppe et qui aura choisi les fleurs demandées.

0   0   0

Concours de FUTAILLES A ROULER

On se procurera chez un tonnelier deux ou trois futailles vides et de différentes grandeurs, pour que les concurrents, classés en série, selon leur âge et leur force, concourent séparément.

La piste pourra, selon l'âge des concurrents, avoir de 50 à 200 mètres de longueur.

Règlement. — Les concurrents pourront se servir des deux mains pour faire rouler la futaille; si elle tombe à terre, on leur marquera une faute, et le tonneau devra être relevé et remis en place à l'endroit exact où il est tombé, pour être remis ensuite en marche.

Si l'on ne dispose que d'un tonneau par série, on fera concourir individuellement les inscrits, en tenant compte du temps et des fautes de chacun d'eux.

◊ ◊ ◊

Concours de GOLF

Le golf, exigeant un terrain très étendu, n'est pratiqué que par des Sociétés dont les membres paient une cotisation assez élevée; ils sont, de plus, obligés à des frais de déplacements et autres, assez considérables.

(V. BALLE A ROULER.) Nous renvoyons le lecteur aux ouvrages publiés par la Librairie Larousse (V. note page 58).

◊ ◊ ◊

Concours de GRACES

Le concours de grâces se pratique comme le concours de volant (V. ce mot), à deux, quatre, six ou huit concurrents.

Le volant sera remplacé par un petit cerceau en bois léger recouvert de velours; il sera lancé en l'air à l'aide de deux bâtonnets.

On pourra employer deux cerceaux, lancés en même temps par les concurrents; chacun de ceux-ci lancera son cerceau un peu à droite, pour éviter la rencontre de ceux des autres concurrents, quand ils se croisent en l'air.

Règlement. — Les gagnants seront ceux qui auront fait entrer le plus souvent les grâces dans les bâtonnets de leur partenaire pendant un laps de temps convenu, soit 3, 5 ou 10 minutes; le couple qui aura manqué le moins de fois les grâces sera déclaré vainqueur.

Concours d'INSTRUMENTS DE MUSIQUE
CONFECTIONNÉS AVEC DES PLANTES

Ces concours sont faciles à préparer à la campagne, mais exigent, en même temps qu'une certaine habileté manuelle pour la confection des instruments qui doivent être construits avec les plantes, un sens musical assez prononcé, de la part des concurrents.

Flûte de Pan. — On choisira une dizaine de roseaux de même grosseur, un peu plus longs que le doigt du milieu de la main; on les coupera de longueur inégale, l'une des

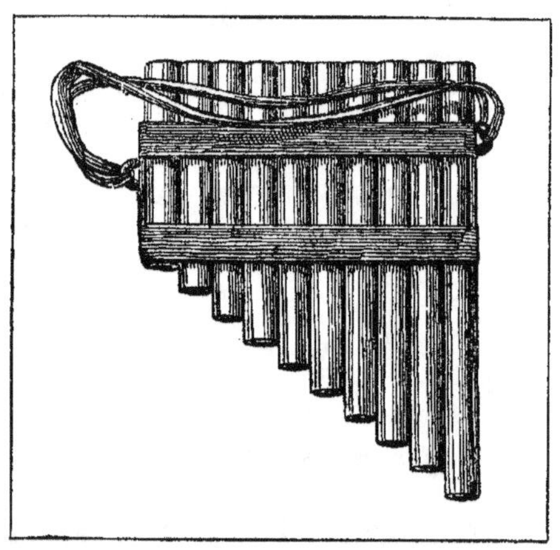

FLÛTE DE PAN, EN ROSEAU.

extrémités de chacun d'eux étant ouverte, et l'autre fermée par un nœud. On les assemblera de façon que toutes les extrémités ouvertes soient à un même niveau, tandis que les bouts opposés, qui sont fermés, formeront une série de gradins (V. figure ci-dessus).

Pour les unir entre eux, on taillera dans un morceau de bois léger et mince quatre menues planchettes assez longues pour couvrir toute la largeur de l'instrument. On immobilisera les roseaux à l'aide des planchettes placées, par paire, en haut et en bas de la flûte, et reliées solidement aux tiges par des ligatures.

Règlement. — Chaque concurrent devra construire lui-même son instrument.

Pour l'utiliser avec profit, le concurrent soufflera successivement dans chacun des tubes qu'il fera passer rapidement devant ses lèvres, comme s'il soufflait dans une clé forée. Chaque tube donnera un son différent. Si les tubes ont des longueurs convenables, c'est-à-dire s'ils sont accordés selon la gamme, le concurrent pourra jouer de petits airs.

Pour atteindre ce résultat, les longueurs des tubes successifs devront être les 8/9, les 4/5, les 3/4, les 2/3, les 8/15 et la moitié de celle du premier tube; et ainsi de suite. En appliquant ces proportions au cas où le plus long tube a 20 centimètres, les longueurs des autres devront être, en centimètres : 18; 16; 15; 13,3; 12; 10,6; 10; 9; 8; 7,5; 6.

Chaque concurrent se placera devant le jury, muni de l'instrument fabriqué par lui, et essaiera d'en tirer les airs et les sons les plus originaux. Selon la réussite, des points de 0 à 12 seront marqués à côté de son nom, sur la feuille du concours. Les vainqueurs seront proclamés d'après le total des points à leur actif, toutes les feuilles d'appréciation du jury étant additionnées.

Mirliton en roseau. — Le concurrent coupera une tige de roseau de 25 centimètres de longueur; les deux extrémités seront fermées par un nœud, de manière à ce que

MIRLITON EN ROSEAU.

l'air ne puisse y pénétrer; à l'une des extrémités, il enlèvera la partie ligneuse du roseau sur 2 à 3 centimètres de longueur et sur la moitié de la circonférence, en ayant soin *de respecter la membrane mince* qui tapisse l'intérieur; ensuite, il fera au milieu du roseau un trou d'environ 2 centimètres de long, et de largeur variable avec les dimensions de la tige.

Règlement. — Chaque concurrent essaiera de jouer un ou plusieurs airs en soufflant dans le trou, la mince membrane vibrant et donnant les sons nasillards du mirliton. Le résultat du concours dépendra de l'adresse des concurrents.

Trombone à coulisse, en bois. — Chaque concurrent coupera nettement en biseau l'une des extrémités d'une branche en sève de cerisier, de châtaignier, de cognassier, de frêne, de lilas, de noyer ou de saule. Il entaillera l'écorce et un peu le bois en A (V. figure ci-dessous), à 2 ou 3 centi-

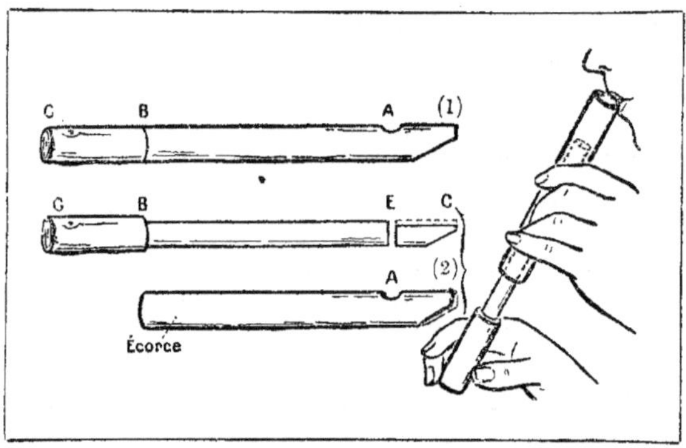

TROMBONE A COULISSE, EN BOIS.

mètres et du côté de la partie la plus longue du biseau ; il fera à l'écorce, en B, une incision circulaire le plus loin possible du biseau, soit à une distance de 12 à 15 centimètres ; il mouillera dans l'eau la partie travaillée de l'écorce, la retirera et la battra partout bien régulièrement avec le manche d'un couteau, en l'appuyant sur le genou ; puis il enlèvera l'écorce d'un seul coup par un mouvement de rotation imprimé avec la main droite, sans brusquerie, et en maintenant avec la main gauche l'autre partie de la tige. S'il ne réussit pas du premier coup, il mouillera à nouveau la tige pour recommencer ensuite l'opération. L'écorce étant enlevée, le concurrent entaillera le bois suivant EC (2) au quart de l'épaisseur totale, le point E devant se trouver au milieu de l'ouverture A (2) de l'écorce ; il séparera alors la partie travaillée, du reste de la branche, et enfin l'enfoncera dans le biseau du tube de l'écorce, de manière à former sifflet.

Règlement. — Une fois l'instrument confectionné, chaque concurrent s'avancera devant le jury et essaiera de tirer les meilleurs sons de son instrument, en se servant du reste de la branche GBE, en partie privée de son écorce, comme d'un *piston* qu'il enfoncera dans le tube d'écorce après l'avoir mouillé. En sifflant dans l'instrument, il enfonce le piston : le son devient aigu; en le retirant, il devient grave. Si le concurrent a su s'exercer, il arrivera à jouer de petits airs.

Le résultat se juge comme précédemment.

Violon fait avec deux tiges de maïs. — Les concurrents couperont deux fortes tiges de maïs, et de menues branches. Chaque concurrent procédera ainsi qu'il suit :

Sur l'une des tiges il soulèvera trois minces lamelles

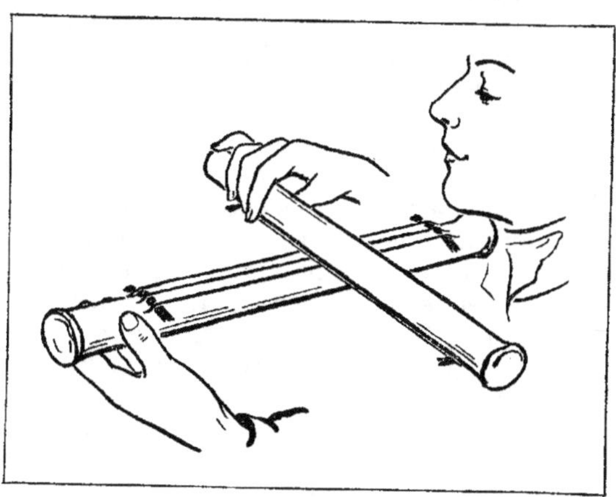

VIOLON ET SON ARCHET, EN TIGES DE MAÏS.

d'écorce avec un canif, sur une longueur de 30 à 40 centimètres en partant des points situés à une même distance de l'extrémité de la tige. Il les maintiendra tendues par de petites branchettes glissées dessous (V. figure ci-dessus). — Il exécutera exactement la même opération sur la deuxième tige, qui servira d'archet.

Règlement. — Le concurrent se placera devant le jury, tenant d'une main une des tiges jouant le rôle de violon, de l'autre la seconde tige faisant fonction d'archet. Il promènera doucement l'archet sur le violon, pour rendre les sons plus nets ; il pourra frotter les cordes de l'archet avec de la résine en poudre. Le jugement du concours est rendu selon l'habileté d'exécution des concurrents (1).

o   o   o

Concours de LASSO

A l'une des extrémités d'une piste de 60 mètres de longueur, on enfoncera solidement un pieu ou un gros bâton, qui devra s'élever du sol à 1 mètre de hauteur.

A 4, 6, 8, 10 ou 12 mètres du bâton, selon l'âge des concurrents, on tracera des lignes de démarcation.

Les organisateurs se seront munis de deux cordes lisses, terminées par un nœud coulant : la première de 8 mètres de longueur, la seconde de 13 mètres.

Règlement. — Le premier concurrent inscrit prendra la corde la plus courte ; il se placera à l'extrémité de la piste, et, au signal de départ donné, s'élancera en avant de toute sa vitesse, pour s'arrêter à la ligne d'arrêt placée à 4 mètres du bâton ou du pieu ; il devra alors lancer son lasso, et essayer d'accrocher le bâton avec le nœud coulant.

S'il réussit, on lui marquera un point ; s'il manque l'épreuve, un zéro. Un autre concurrent fera de même ; et ainsi de suite jusqu'à ce que tous les inscrits aient concouru. Ceux qui auront accroché le lasso à la distance de 4 mètres recommenceront l'épreuve à la distance de 6 mètres ; ceux qui auront réussi à cette distance continueront en le lançant à 8 mètres du bâton, et ainsi de suite jusqu'à ce que l'un des concurrents ait lancé le lasso de la distance la plus éloignée.

Les concurrents pourront lancer le lasso étant soit à bicyclette, soit à âne ou à cheval ; mais cela offre alors beaucoup plus de difficulté.

---

(1) Extrait de *200 jouets qu'on fait soi-même avec des plantes* (Librairie Larousse). Prix : 2 fr. 25.

o   o   o

Concours de LOTO-PUZZLE

Ce jeu est pratiqué surtout pendant la mauvaise saison ; c'est une grande distraction pour les enfants, et il offre plus d'attrait que le loto ordinaire. Le prix de chaque sujet varie de 4 à 12 francs, selon la qualité de la fabrication.

Le jeu comprend une série de cartons semblables, sur lesquels sont imprimés les contours des morceaux découpés d'un tableau de puzzle. Tous les morceaux portent des numéros, répétés sur la face postérieure de chacun d'eux.

Règlement. — Tous les morceaux seront mis dans un sac, que l'on agitera ensuite fortement. On tirera les morceaux un à un au hasard, en appelant le numéro de celui venant de sortir du sac ; le joueur qui possédera ce numéro sur son carton prendra le morceau numéroté de la main de celui qui est chargé du tirage des morceaux, du sac, et le mettra en place sur le numéro correspondant du carton qu'il possède. Tous les morceaux seront tirés successivement du sac : le gagnant sera celui qui aura reconstitué le premier, avec les numéros sortis, le tableau du loto-puzzle, sur le carton en sa possession.

o o o

Concours de LUTTE A LA CORDE

On se procurera une forte corde de 35 à 40 mètres de longueur, de manière à ce que les concurrents de chaque camp, dont le nombre peut varier de six à dix, puissent disposer chacun de 1 mètre à 1^m,25 de corde.

Pour équilibrer les chances, on essaiera de classer dans chaque camp les concurrents selon leur âge et leur force physique, ainsi que selon leur poids, de manière que la totalité des poids des concurrents soit la même dans chacun des deux camps.

Sur le terrain, gazonné ou sablé, on tracera deux lignes, éloignées de 10 mètres. Au milieu de ces deux lignes, on en tracera une troisième qui sera la ligne de laquelle le signal de tirer sur la corde sera donné.

Phot. Raffaele.

CONCOURS DE LUTTE A LA CORDE.

Au milieu de la corde on attachera un ruban rouge, à 5 mètres à droite un ruban bleu, à 5 mètres à gauche un ruban jaune.

Règlement. — Le premier de chaque camp saisira la corde à une certaine distance du ruban de son camp ; les autres se placeront derrière lui selon l'ordre convenu.

Une fois les concurrents en possession de la corde, un membre du jury la prendra au point central où est le ruban rouge ; il se placera exactement au point d'où l'ordre de tirer sur la corde sera donné ; il demandera : *Étes-vous prêts?* Après réponse affirmative, il ajoutera : *Attention!* Puis, deux secondes plus tard, il dira : *Tirez!* et se reculera vivement en arrière.

Le camp vainqueur sera celui qui aura fait entrer le ruban du camp opposé sur sa ligne de terrain.

0 0 0

Concours de MARELLE

On trace d'abord sur le sol un grand rectangle de 6 mètres de long sur 3 mètres de large, que l'on divise dans le sens de la largeur en six parties égales, de manière à former six rectangles. Les quatre premiers seront numérotés 1, 2, 3 et 4, le cinquième rectangle sera *l'enfer,* et le sixième *le reposoir;* aux deux coins, sur la base du premier rectangle, on dessinera deux arcs de cercle qui s'appelleront *les flammes.*

On fera ensuite un septième rectangle, du double des autres ; on le divisera par deux diagonales en quatre triangles, numérotés de 1 à 4, que l'on appellera *les culottes.* On pourra aussi, pour augmenter les difficultés, tracer un circonférence au point de rencontre des deux diagonales : le cercle formé se nomme *le bouillon.* Enfin pour couronner la marelle on figurera, à la suite du rectangle des culottes, un demi-cercle qui représentera *le paradis.*

Règlement. — Chacun des concurrents prendra sa marelle ou palet, disque en métal de 0^m,05 ou 0^m,06 de diamètre. A défaut de palet, on taillera en cercle une tuile ou une pierre plate et légère.

Le premier concurrent que le sort aura désigné lancera sa marelle dans le premier rectangle, y sautera à cloche-pied, et s'efforcera de faire sortir sa marelle avec le pied. Il lancera ensuite la marelle dans le deuxième rectangle, s'y rendra à cloche-pied en passant par le premier et la faisant sortir par le même chemin. Il procédera de la même façon pour les deux rectangles suivants.

Quant à *l'enfer,* ni le concurrent ni la marelle ne doivent y entrer; on le franchira, sous peine de recommencer tout le jeu.

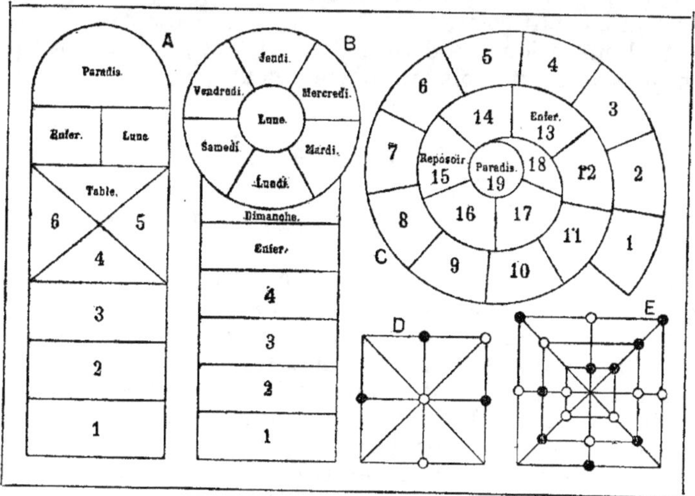

MARELLES DIVERSES :
A, ordinaire; B, des jours; C, ronde; D, assise (simple); E, assise (triple).

Dans le *reposoir* on pourra mettre les deux pieds à terre, mais, en le quittant pour entrer dans les *culottes,* il faudra sauter en même temps dans les compartiments 2 et 3, le pied droit dans le nº 2 et le pied gauche dans le nº 3, puis se retourner en sautant de manière à se trouver le pied droit dans le nº 3 et le pied gauche dans le nº 2; ensuite on sautera dans les compartiments 1 et 4, le pied droit dans le nº 1 et le pied gauche dans le nº 4. On retirera le pied du nº 4, et on se trouvera à cloche-pied dans le nº 1 où la marelle a été lancée. Il faut la faire passer ensuite dans les trois autres culottes, et la faire sortir, enfin, par tous les rectangles.

Au dernier tour on lancera la marelle dans le paradis, et après s'y être rendu à cloche-pied et avoir sauté les culottes, comme il a été dit, il faut, pour gagner la partie, faire sortir la marelle et lui faire franchir tous les rectangles d'un seul coup de pied.

Si on lance la marelle dans un autre rectangle que celui qu'il faut, si elle s'arrête sur une raie, dans l'enfer, si elle passe dans les flammes, si on la fait sortir par les côtés, ou bien si l'on marche sur une raie ou dans l'enfer, on devra céder son tour au joueur suivant, et on reprendra à l'endroit où l'on en était resté.

Au lieu de jouer individuellement, on pourra jouer par équipes de deux, trois ou quatre joueurs.

o o o

Concours de NATATION

Les concours de natation, qu'ils aient lieu en rivière ou au bord de la mer, demandent beaucoup de prudence de la part des organisateurs, les concurrents pouvant être pris d'indisposition subite : congestion, crampe, etc.

Les organisateurs devront étudier soigneusement l'endroit où aura lieu le concours, indiquer de façon visible les points que les concurrents ne doivent pas dépasser ; de plus, une barque montée par trois personnes, et contenant des gaffes et deux ou trois bouées de sauvetage, doit circuler à proximité des concurrents.

Ceux-ci seront classés selon leur âge, comme dans les courses à pied. (V. COURSES PÉDESTRES.)

Règlement. — Le gagnant est celui qui aborde le premier sur la rive ou sur la plage, à moins que le concours ne se fasse en eau profonde, une barque servant de ligne de départ, une autre de ligne d'arrivée. Mais les concours en eau profonde ne doivent avoir pour participants que des nageurs expérimentés : ils exigent, en effet, beaucoup de prudence (1).

---

(1) V. le volume de la Collection sportive Larousse : *Aviron, Natation, Water-polo*, par L. DOYEN, P. AUGÉ, G. MOEBS. — Cartonné, 2 francs.

Concours d'OMBRELLES FLEURIES

Les concours d'ombrelles fleuries offrent aux yeux des assistants un spectacle des plus gracieux.

Ils devront être annoncés au moins un jour à l'avance, pour permettre aux concurrentes de choisir les fleurs nécessaires à l'ornementation de leur ombrelle, et d'en faire une assez ample provision.

D'habitude, les concurrentes arrivent devant le jury avec leur ombrelle confectionnée d'avance, ce qui permet à celles qui ont une femme de chambre adroite de se présenter avec de véritables chefs-d'œuvre d'élégance. Certaines même ont recours à des modistes ou couturières de profession.

Dans quelques endroits pourtant les concurrentes sont obligées de confectionner elles-mêmes et publiquement leur ombrelle fleurie. Elles apportent alors tout ce qui est nécessaire pour ce travail, ou reçoivent les fleurs des mains des organisateurs. Dans ce cas une heure est accordée pour l'ornementation des ombrelles.

Les membres du jury devront être choisis parmi les personnes ayant une réputation de bon goût et d'élégance.

Règlement. — Les ombrelles les plus simples et d'un prix modique seront employées, pour ne pas détériorer celles qui ont une certaine valeur.

Toutes les sortes de fleurs seront admises, depuis les plus rares jusqu'aux humbles fleurs des champs ; des dentelles, des rubans, selon le savoir-faire et le goût de chaque concurrente, peuvent être ajoutés à l'ornementation.

La mission des membres du jury qui doivent passer la revue des concurrentes, placées en ligne devant eux, est souvent difficile, et exige beaucoup de tact, ainsi qu'une indépendance absolue.

Il est d'usage, avant de rendre le verdict, de faire défiler les concurrentes devant les assistants, dont les appréciations pourront être d'un précieux secours pour les juges.

On peut, pendant la mauvaise saison, se servir de fleurs artificielles.

◊ ◊ ◊

Phot. Sartony.

UN CONCOURS D'OMBRELLES FLEURIES, A SAINT-AUBIN-SUR-MER.

Concours d'OMBRES CHINOISES

Il est hors de doute que tous les peuples, depuis les temps les plus reculés, ont remarqué les ombres multiples formées en plein jour sur les murailles, quand un corps s'interpose entre elles et le soleil, et aussi quand un corps passe entre une surface opaque et une lumière artificielle.

C'est probablement la perfection qu'ont atteinte les Chi-

OMBRES CHINOISES A LA MAIN.

Le lévrier.	Le lapin.	Le loup.	Des cygnes.
La chèvre.	Le chat.	Le sorcier.	Cheval de course et son jockey.
Le cheval.	L'éléphant.	Le pioupou.	Un campagnard.

nois dans les combinaisons de ces ombres, qui a fait donner la qualification d'*ombres chinoises* à ces formes fantastiques et originales.

Un concours sérieux d'ombres chinoises demande certains préparatifs. On confectionnera d'abord un écran de 1$^\mathrm{m}$,75 environ de circonférence, sur lequel on tendra une toile blanche très mince. On fabriquera ensuite un deuxième cercle tendu d'une étoffe opaque, ou l'on emploiera simplement une planche bien blanche et lisse, de grandeur proportionnée. La meilleure source de lumière sera une lampe de moyenne grandeur, pourvue d'un projecteur et d'un réflecteur, ce qui permettra de ne pas disséminer la lumière, et de n'éclairer que l'écran où devront se projeter les ombres. La lampe devra être placée à 1ᵐ,10 environ de cet écran, pour que les ombres puissent conserver leur intensité, et que le concurrent ne soit pas gêné dans ses mouvements.

Règlement. — Le concurrent se placera entre la lampe et l'écran, se dissimulant derrière l'écran opaque, de manière à ne permettre qu'à ses mains de se refléter sur le premier écran, les spectateurs étant de l'autre côté de l'écran. Le résultat du concours dépendra de l'adresse, de la dextérité, de l'imagination et du savoir-faire des concurrents, qui devront, avant de participer au concours, faire des expériences préliminaires. Les dessins que nous reproduisons faciliteront la confection de certaines silhouettes.

Au fur et à mesure qu'un concurrent exécutera les ombres chinoises, selon un nombre convenu d'expériences, des notes seront prises par les membres du jury, qui rendront leur verdict d'après la correction, l'habileté et l'originalité avec lesquelles auront été exécutées les ombres chinoises par tels et tels concurrents.

◊ ◊ ◊

Concours d'ORANGES A RAMASSER

On achètera une cinquantaine d'oranges, ou tout autre fruit de saison. On en placera une douzaine, à un ou deux mètres de distance les unes des autres, et en lignes droites. La première orange de chaque ligne sera à dix mètres en avant de la ligne de départ, la dernière à vingt mètres en avant de la ligne d'arrivée, de manière à laisser deux espaces libres à parcourir, au départ et à l'arrivée.

Règlement. — Les concurrents pourront être classés par séries de trois ou de quatre. Au signal du départ, ils s'élanceront et essaieront de ramasser le plus vite possible les oranges de la rangée qu'ils devront parcourir. Le gagnant sera celui qui aura ramassé le plus d'oranges et qui sera arrivé le premier.

Phot. Delanoue.

COURSE D'ORANGES A RAMASSER.

On fera recommencer les gagnants de chaque série jusqu'à ce que l'un d'eux ait battu tous les autres.

On pourra distribuer sur le terrain les fruits différemment, selon l'imagination des organisateurs ; faire concourir les participants à bicyclette, à âne, en les obligeant à descendre de leur monture, pour y remonter chaque fois qu'ils ramasseront une orange : dans ce cas la distance à parcourir sera plus considérable, et les oranges plus éloignées les unes des autres.

o o o

Concours de PÊCHE

Crevettes (aux). — C'est principalement sur les plages du littoral normand que les concours de pêche aux crevettes ont lieu, pendant la belle saison.

Pour un prix variant de 3 à 6 francs, on achètera un filet à crevettes, ustensile indispensable pour cette pêche ; ou bien ou louera le filet pour la circonstance dans un des nombreux bazars qui existent dans chaque localité. Un petit panier attaché autour de la taille, ou passé en bandoulière, sera également nécessaire. Quant aux vêtements, le meilleur est le costume de bain ; on fera bien de se chausser d'espadrilles, et de se coiffer d'un chapeau de paille.

Les organisateurs doivent connaître la distribution de la plage, pour n'autoriser la pêche qu'aux endroits qui ne sont pas dangereux, et faire indiquer par des drapeaux et des bouées les parties qu'on ne devra pas dépasser, si la plage est en pente.

L'heure propice pour commencer le concours sera celle où la marée est à son minimum, soit au moment où les premiers effets du flux se manifesteront.

La durée du concours sera de une heure à une heure et demie.

On classera les concurrents par séries : de 7 à 10 ans ; de 10 à 12 ; de 12 à 16. Enfin, à partir de cet âge, on formera une série d'adultes.

Les organisateurs devront se mêler aux concurrents.

Règlement. — Les concurrents une fois entrés dans l'eau, et le signal de l'ouverture du concours donné, se mettront à la besogne ; l'annonce de la fermeture sera donnée à l'aide d'un sifflet, d'un cornet ou d'une trompe de chasse ; les concurrents devront de suite relever leur filet, et revenir sur la plage en le tenant sur l'épaule.

Chaque concurrent fera peser sa pêche, à l'aide d'une balance apportée à cet effet. Le classement s'opérera d'après les poids atteints. En cas d'égalité de poids, le concurrent dont l'ensemble des crevettes sera le meilleur aura la première place.

Ligne (à la). — L'organisation et le règlement sont les mêmes que pour le concours précédent. Il peut être spécifié que les concurrents devront se servir du même genre d'hameçon, de ligne, de flotteur, ou qu'ils auront la liberté du choix.

Les organisateurs devront choisir l'endroit d'une rive, le bord d'une rivière, aussi commodes que possible, ne présentant par leur conformation aucun danger pour les concurrents, qu'ils ne devront jamais perdre de vue, et faire tenir à proximité une barque montée par deux hommes sachant bien nager.

٥ ٥ ٥

Concours de POTS CASSÉS A L'AVEUGLETTE

Au centre du terrain réservé pour ce concours, on enfoncera en terre deux hautes perches, à 12 mètres de distance l'une de l'autre, et reliées entre elles par une forte corde tendue à $2^m,20$ environ du sol.

On se procurera un nombre assez considérable de pots ou de marmites en grès ou en terre ; on pourra aussi employer des pots à fleurs de grandes dimensions, dont on aura pris soin de boucher hermétiquement le trou central inférieur.

Sur dix de ces ustensiles, huit seront remplis de farine, de cendre, de plâtre, ou d'eau, si les concurrents ne s'y opposent pas. Dans les deux derniers seront placés un lapin, un canard ou un poulet, à moins que l'on n'y mette des légumes, des pièces de viande, de la charcuterie. Les ustensiles seront recouverts d'une feuille de papier ou d'un carton, puis accrochés de mètre en mètre à la corde reliant

Phot. Sartony.

UN CONCOURS DE PÊCHE AUX CREVETTES, SUR UNE PLAGE DU CALVADOS.

les deux perches. On aura soin que les concurrents ne puissent voir la place occupée par les deux ustensiles contenant les objets de consommation ; il faudra également veiller à ce qu'aucun des assistants ne puisse parler au concurrent, pour l'avertir de l'endroit où sont ces ustensiles.

UN CONCOURS DE POTS CASSÉS A L'AVEUGLETTE.
Le concurrent, les yeux bandés, s'avance le bâton levé.

Les concurrents devront donc être tenus à l'écart pendant ces préliminaires, et les ustensiles doivent être changés de place après chaque épreuve.

Règlement. — Le premier concurrent désigné par le sort pour ouvrir le concours sera placé à 16 ou 20 mètres des ustensiles ; on lui couvrira soigneusement la tête d'une épaisse serviette ou d'une étoffe, de manière à ce qu'il soit complètement aveuglé, puis on lui mettra entre les mains un fort bâton.

Un membre du jury, placé un peu en arrière des ustensiles, dira : *Marchez !* Le concurrent s'avancera en tenant le bâton, essayant de se diriger vers le but à atteindre ; quand il croira être arrivé à proximité des ustensiles, il lèvera le bras et tâchera, en donnant un coup de bâton *vertical* (de haut en bas) de casser un des pots ; il pourra s'y reprendre à *trois* fois ; en aucun cas le concurrent ne devra remuer son bâton horizontalement (de droite à gauche et vice versa) : s'il agissait ainsi, il serait immédiatement arrêté, et expulsé du concours.

Dans le cas où un concurrent briserait avec son bâton un des deux ustensiles qui contiennent un objet de consommation, cet objet deviendra sa propriété. S'il casse un des ustensiles contenant de la farine, de la cendre, du plâtre, etc., il sera éliminé. Dans l'un et l'autre cas, avant de faire venir un nouveau concurrent, les ustensiles seront remplacés, avec ce qu'ils contenaient, puis changés de place.

Tout concurrent qui dépasserait la corde à laquelle sont accrochés les ustensiles, ou qui sortirait de la limite du terrain, à droite ou à gauche, sera éliminé. Il en sera de même de tout concurrent qui chercherait à *frôler* les ustensiles avec son bâton, ou qui ferait aller le bâton de droite à gauche.

Pour que le coup soit bon, il doit être *asséné de haut en bas,* et l'ustensile doit être cassé.

Il est absolument interdit aux assistants de diriger de la voix les concurrents. A cet effet, les organisateurs devront surveiller tout ce qui pourrait faciliter la fraude.

Il est bon d'inscrire les concurrents deux ou trois jours à l'avance, pour se procurer le nombre d'ustensiles nécessaire.

On peut demander un droit d'inscription, de 50 centimes à 1 franc, pour couvrir les frais du concours.

○ ○ ○

Concours de POUPÉES HABILLÉES

On achètera, dans un grand magasin ou chez un marchand de jouets, des poupées en carton, dont le prix est insignifiant, et dont le nombre sera en rapport avec celui des concurrentes. Celles-ci devront s'inscrire quelques jours à l'avance ; en s'inscrivant elles verseront un droit, de 50 centimes ou de 1 franc, pour pouvoir participer au concours.

QUELQUES POUPÉES D'UN CONCOURS.

Règlement. — Comme pour le concours d'ombrelles fleuries (V. OMBRELLES), on peut confier une poupée la veille du concours à chaque concurrente, qui l'habillera ou la fera habiller chez elle. Mais il est préférable de remettre les poupées sur le terrain, une heure avant l'ouverture de l'épreuve, ce qui obligera les concurrentes à exécuter elles-mêmes le travail sous les yeux des juges et des spectateurs; la durée de ce travail pouvant être de 30, 50 minutes à une heure.

La veille du concours les poupées auront été exposées pour que les concurrentes puissent « prendre leurs mesures », et préparer les vêtements qui serviront à les habiller.

Les poupées n'ont pas besoin d'être chaussées, mais le chapeau est de rigueur.

Quant au verdict, il dépend du goût et de la conscience des membres du jury.

o o o

Concours de QUILLES

Les quilles seront placées sur un même rang, espacées de 30 centimètres les unes des autres, à 16, 18, 20 ou 25 mètres de l'endroit d'où les boules seront lancées, selon l'âge des concurrents, qui pourront concourir par séries de 4 à 6 participants, ou bien individuellement.

Règlement. — Si c'est par série qu'a lieu le concours, la série gagnante sera celle dont les participants auront abattu le plus de quilles possible dans le minimum de temps. En cas d'égalité de points, deux séries recommenceront l'épreuve, jusqu'à ce que l'une d'elles en sorte vainqueur. Le règlement sera le même pour le concours individuel.

o o o

Concours de RÉVÉRENCES

Ce concours, élégant et gracieux, exige des participants des deux sexes des études préliminaires.

Les inscrits, jeunes filles et fillettes, jeunes gens et garçonnets, concourront individuellement. On pourra convenir qu'une jeune fille et un jeune homme concourront ensemble, se faisant la révérence comme s'ils se rencontraient.

Le concurrent, la concurrente ou le couple qui aura le mieux exécuté les révérences sera le gagnant de l'épreuve.

Règlement. — Selon un tirage au sort, ou leur ordre d'inscription, chaque concurrent sera appelé et paraîtra devant les membres du jury, essayant de se présenter, de s'avancer, de s'incliner le mieux qu'il lui sera possible, imitant les révérences du temps de Louis XIV et de ses successeurs, qui sont encore en usage lors d'une présentation dans les cours étrangères.

Les membres du jury marqueront sur un carnet, en regard du nom de chaque concurrent, la manière dont il se présentera, marchera, s'inclinera, fera la révérence, avec toute l'élégance et la correction des mouvements.

Le classement se fera d'après les points obtenus.

٥ ٥ ٥

Concours de ROUES A ROULER

On louera chez un charron autant de roues qu'il en pourra disposer, dont le poids et la grandeur seront ensuite proportionnés à l'âge et à la force des concurrents, qui seront classés en séries comme dans les courses à pied. (V. COURSES PÉDESTRES.)

Règlement. — La piste aura 60, 75 à 100 mètres de longueur, selon les séries.

Une fois placés à la ligne de départ, et le signal donné, les concurrents ne pourront faire rouler leur roue qu'avec *une seule* main, n'employant l'autre que pour maintenir la roue d'aplomb et l'empêcher de tomber; à moins de convention contraire.

Si un concurrent laisse tomber sa roue, il devra la relever et la remettre en marche à la place même où elle sera tombée; dans ce cas, il lui sera marqué une faute, si cela a été prévu dans le règlement.

Il est absolument défendu de lancer la roue en avant et de courir après; la roue doit rouler alors que le concurrent est à côté d'elle.

Phot. Raffaele.

COURSE EN SAC, AVEC LES BRAS LIBRES.

Si l'on n'a qu'un nombre restreint de roues, on pourra faire concourir individuellement chaque inscrit, en tenant compte du temps mis à parcourir la piste, et des fautes.

0   0   0

Concours de SABOT

Le sabot est une toupie sans clou pointu, que l'on fait tourner avec un fouet dont la lanière est en cuir très mince, ou en peau d'anguille.

On mettra le sabot en mouvement en le faisant tourner avec les deux mains, puis on le frappera avec le fouet.

Les concours ont lieu : au *petit feu,* à la *course,* ou à la *rencontre.*

Règlement. — 1º Au *petit feu,* tous les concurrents lanceront leur sabot à un signal donné, et le frapperont avec le fouet jusqu'à ce qu'il « meure ». Celui qui mourra le dernier sera le gagnant;

2º A la *course,* les concurrents lanceront ensemble leur sabot et le conduiront avec le fouet à un but fixé d'avance, à 15 ou 20 mètres. Celui qui arrivera le premier gagnera la partie;

3º A la *rencontre,* les concurrents chercheront à lancer leur sabot, toujours avec le fouet, contre celui d'un adversaire, et à le renverser. Celui qui réussira sans que son sabot cesse de tourner gagnera.

0   0   0

Course en SAC

Ce concours est trop connu pour que nous nous y arrêtions longuement.

Disons seulement que, pour éviter les chutes graves, il doit se pratiquer sur un terrain gazonné ou sablé, d'où toute pierre, tous obstacles auront été enlevés. Il est préférable de laisser libres les bras des concurrents, en attachant le sac à la hauteur de la poitrine. — Les concurrents seront classés en séries selon leur âge. (V. COURSES PÉDESTRES.)

Concours de SAUTS

Les concours de sauts en longueur et en hauteur demandent les mêmes précautions et le même entraînement que les autres sports athlétiques (1). On doit donc classer les concurrents par séries, selon leur âge, comme dans les courses à pied. (V. COURSES PÉDESTRES.)

En hauteur. — Que le concours ait lieu avec ou sans élan, le meilleur obstacle sera une simple ficelle, maintenue tendue entre deux piquets à l'aide de deux poids. Pour rendre l'obstacle plus visible, on accrochera au centre de la ficelle un petit ruban de couleur rouge ou bleue.

Règlement. — Au fur et à mesure que les concurrents d'une série auront sauté l'obstacle, placé d'abord à moyenne hauteur, on le haussera de 10 centimètres. Chaque concurrent a habituellement le droit de recommencer trois fois la même épreuve. A partir de la troisième tentative, si le concurrent fait tomber l'obstacle de quelque manière que ce soit, il sera éliminé.

On haussera l'obstacle jusqu'à ce que le maximum possible de hauteur ait été sauté par un des concurrents. Si l'on dispose de plusieurs prix, ils seront distribués aux premiers classés, d'après les hauteurs atteintes.

En longueur. — La meilleure délimitation se fait à l'aide de deux rubans de couleur blanche, tendus le premier au point où les pieds des sauteurs devront quitter la terre, le second au point où leurs pieds devront retomber.

Règlement. — Comme pour le concours de sauts en hauteur, on classera les concurrents par séries, selon leur âge. Ils auront également le droit de recommencer trois fois l'épreuve; on reculera, au fur et à mesure qu'une série aura achevé les trois sauts, le ruban d'arrivée, de 10 centimètres, jusqu'à ce que le saut le plus long ait été exécuté par le plus agile des concurrents.

Le saut en longueur s'exécutera avec et sans élan.

---

(1) V. *Les Sports modernes illustrés,* publiés sous la direction de MM. P. MOREAU et G. VOULQUIN (Librairie Larousse). Broché, 20 fr.; relié, 26 fr.

Phot. Rol.

COURSE DE SAUTS D'ÉCRANS.

Pour ces deux genres de sauts, le point où les sauteurs retomberont devra être recouvert d'une très épaisse couche de sable.

Dans certaines localités privilégiées, les sauts avec élan s'exécutent à l'aide d'un tremplin.

Concours de sauts d'écrans. — Enfin on peut organiser des sauts d'obstacle, à l'aide de barrières formées d'écrans en papier mince au travers desquels les divers concurrents devront passer.

o o o

Concours de TENNIS

Nous ne citons que pour mémoire le tennis, chaque plage du littoral, chaque localité mondaine possédant actuellement sa Société de tennis.

o o o

Concours de TIR

Un concours de tir ne peut avoir lieu que dans une commune dont l'école possède un stand scolaire.

Une autorisation spéciale est nécessaire. Si la commune possède une Société de tir affiliée à l'*Union des Sociétés de tir de France* (1), on doit s'adresser au président de cette Société ou à son vice-président, qui feront le nécessaire pour organiser le concours.

Le concours a lieu à la carabine Flobert ou à la carabine « la Française », du calibre de 6 millimètres, tirant la balle Bosquette à double culot.

Les concurrents seront classés en deux séries : juniors, de 12 à 15 ans, et séniors, de 15 à 18 ans. La distance pour la première série est de 10 mètres, et pour la seconde de 15 mètres (2).

----

(1) *Union des Sociétés de tir de France,* reconnue d'utilité publique, 62, rue de Provence, Paris.

(2) V. *Pour former un tireur,* par MM. Violet et G. Voulquin (Librairie Larousse). Broché, 75 centimes.

Concours de TONNEAU

Le tonneau, que tout le monde connaît, est un coffre rectangulaire élevé sur quatre pieds; la partie supérieure est percée de neuf trous ayant chacun une valeur; sur le trou central est un crapaud, la bouche ouverte; ces trous correspondent, à l'intérieur, avec des cases numérotées et ayant la valeur du trou correspondant, et dans lesquelles tombent les palets qui ont d'abord traversé les trous.

Règlement. — Chaque concurrent, placé à 5, 8 ou 10 mètres du tonneau, selon les conventions, lancera dix ou douze palets. Dès que chaque concurrent aura épuisé ses palets, on comptera les points des cases dans lesquelles seront tombés les palets après être passés par les trous; le gagnant sera celui qui aura le nombre de points le plus élevé.

Tout palet qui restera sur le tonneau, ou qui tombera en dehors, sera compté comme nul, ainsi que ceux lancés dans les cases sans passer par un trou.

Tonneau à rouler. (V. FUTAILLE A ROULER.)

❍ ❍ ❍

Concours de TRAVAUX DE SABLE

Les concours de travaux de sable, créés il y a quelques années par des artistes venus passer la belle saison au bord de la mer, remportent, depuis leur création, les plus légitimes et justifiés succès.

Les plages sur lesquelles ont habituellement lieu ces concours sont celles du littoral du Calvados, de Trouville à Courseulles, en passant par Houlgate, Villers, Cabourg, Lion-sur-Mer, Luc-sur-Mer, Saint-Aubin-sur-Mer, etc. Les plages de cette partie de la côte normande sont presque sans galets, et composées d'un sable fin, uni, recouvert par la mer à chaque marée qui, en se retirant, transforme le sable en une espèce de glaise humide, plastique, facile à manier et à maintenir pour la construction des travaux.

Un automobile 30 HP.

Phot. Sartony.

Un éléphant.

UN CONCOURS DE TRAVAUX DE SABLE
SUR LA PLAGE DE SAINT-AUBIN-SUR-MER (CALVADOS).

Les organisateurs devront choisir un jour où la marée sera haute vers 9 heures ou 10 heures du matin, de manière à pouvoir faire exécuter les travaux à la marée basse de 3 heures à 5 h. 1/2 ou 6 heures. S'ils veulent faire exécuter les travaux le matin, c'est au contraire l'heure de la marée de nuit qu'ils devront envisager.

Les inscriptions devront se faire l'avant-veille du jour fixé pour le concours, afin de calculer la dimension du terrain à réserver, d'après le nombre des inscrits. Un droit d'inscription, de 1 ou 2 francs, sera exigé de chaque concurrent, pour frais à couvrir.

Le terrain devra être clos, et interdit au public; à cet effet, il sera entouré de fortes cordes maintenues par de solides piquets enfoncés dans le sable.

Chaque concurrent devra pouvoir disposer d'un espace carré de 3 mètres de côté.

Au centre du terrain de chaque concurrent sera placé un piquet portant son numéro d'inscription, pour éviter toute contestation, et gagner du temps. Autour de chaque emplacement doit exister un terrain neutre de 1 mètre au moins.

En supposant 50 inscrits, la longueur du terrain réservé au concours sera de 210 mètres environ, à moins que l'on ne préfère placer les concurrents sur deux lignes parallèles de 105 mètres de longueur; dans ce cas, les deux lignes seront séparées par une allée centrale d'au moins 2 mètres, en laissant un espace libre de même proportion sur les quatre côtés du terrain, pour permettre aux commissaires de circuler aisément, laisser toute liberté aux concurrents, et empêcher le public de gêner ceux-ci.

Règlement. — Les concurrents seront divisés en trois séries : enfants de 6 à 12 ans, de 12 à 15 ans, et adultes.

Les travaux comporteront deux catégories; mais cette règle n'est pas absolue (dans beaucoup d'endroits, en effet, une seule catégorie existe) :

1º Catégorie pour laquelle le sable seul est autorisé pour exécuter le travail sans aucun accessoire;

2º Catégorie dont les travaux peuvent être décorés, ornés de matières, d'objets, d'ustensiles divers.

La **première catégorie** comprendra : les bas-reliefs, bustes, médaillons, statues; les imitations d'animaux, de fleurs, de légumes, de plantes, etc.

Dans cette catégorie, les supports en bois seront seuls autorisés, pour maintenir d'aplomb les travaux ; mais ces supports ne devront être employés qu'à l'intérieur, être invisibles, et ne pourront servir à soutenir extérieurement les travaux.

La **deuxième catégorie** comprendra : les aréoplanes, automobiles, bateaux, châteaux forts, cuirassés, maisons, paysages suisses, etc.

Un grand nombre d'objets pourront être employés à la construction et à l'ornementation de ces travaux. Pour la construction d'un vaisseau cuirassé, par exemple, on pourra compléter l'illusion en garnissant les embrasures, les tourelles, de petits canons ; en plaçant sur le pont des marins en plomb, en confectionnant les mâts avec des fils de fer ornés de petits drapeaux, de petites oriflammes, les cheminées avec des tuyaux en fer, etc. Il en sera de même pour la construction d'un château fort. Pour l'édification d'un paysage suisse, on pourra saupoudrer de plâtre les montagnes en miniature, placer de petits chalets, de petits arbres, des bonshommes, des animaux, etc., objets faciles à se procurer en achetant une boîte contenant tous ces jouets dans le premier magasin venu.

Selon les décisions du jury, chaque concurrent a droit à un ou deux aides, pour faciliter la rapidité de son travail.

Pour les récompenses, tout dépendra du jury, dont les membres seront pris, autant que possible, parmi les artistes en villégiature dans la localité : peintres, sculpteurs, architectes, graveurs ; ou, à leur défaut, parmi les personnes ayant une réputation d'amateurs d'art éclairés.

Pour faciliter la tâche finale, chaque membre du jury inscrira sur un registre, en regard du nom de chaque concurrent, le titre du sujet de son travail, et lui donnera un point correspondant à la valeur de ce travail : de 0 à 12 (chiffre le plus élevé).

Les membres du jury se réuniront après le concours ; le classement se fera pour chaque catégorie d'après les plus hauts points obtenus par les concurrents, en additionnant les chiffres du calepin de chaque juré sur chaque travail.

Motifs de travaux. — Quel que soit le sujet choisi, il sera nécessaire d'en étudier la construction avant le concours, et d'en dresser une maquette. Afin de bien confectionner le travail, on n'oubliera aucun des matériaux nécessaires. Les jours qui précéderont le concours, on se rendra à cet

Phot. Rol.

AUTOMOBILE RENVERSANT LES OBSTACLES DISPOSÉS SUR LE TERRAIN DE CONCOURS.

Phot. Raffaele.

UNE VOITURE FLEURIE, DU CONCOURS.

effet sur la plage, à marée basse, en un endroit aussi peu fréquenté que possible, et on aura ainsi tout le loisir d'étudier la meilleure manière d'édifier le travail projeté, au moment du concours, et de faire en même temps l'éducation des aides.

Quant aux motifs, ils varient à l'infini : tout dépend de l'imagination du concurrent, de son adresse. Les animaux le plus souvent imités sont : les chats, chiens, chameaux, éléphants, lions, tigres, etc.; parmi les médaillons, reviennent fréquemment : Bayard, Du Guesclin, Jeanne d'Arc, Pierre l'Ermite, sainte Geneviève, Vercingétorix; pour les fleurs, les légumes, les plantes, etc., on n'a que l'embarras du choix. Bien d'autres travaux sont édifiés : jeux de quilles, de boules, sphinx, sirène, naïade, raquettes de tennis, panoplie, service à thé, automobile, aéroplanes, moteurs, rayon de bibliothèque avec livres vus de dos, etc.; l'imagination peut se donner libre carrière.

o o o

Course aux VALISES

On classera les concurrents par séries (V. COURSES PÉDESTRES); le parcours comprendra 100, 150 ou 200 mètres de longueur, selon l'âge des participants de chaque série.

Au milieu de chaque parcours on plantera un drapeau.

Chaque concurrent recevra une valise, une malle légère ou, à défaut, un paquet enveloppé d'une toile, d'une nappe, contenant un jupon, une camisole, un bonnet, une paire de gants, etc., etc.

Règlement. — Au signal du départ, les concurrents d'une série s'élanceront, et, arrivés au milieu du parcours où se trouvera le drapeau, ils s'arrêteront, ouvriront la valise ou le paquet, endosseront les vêtements, et partiront vers la ligne d'arrivée en tenant la valise ou le paquet, vides, à la main.

Le classement se fera d'après l'ordre d'arrivée, mais les vêtements ne doivent pas être défaits, ou être tombés en route.

o o o

Courses en VOITURE

Accidents à éviter (avec). — Sur un terrain d'une assez vaste étendue, on mettra des bottes de paille, de grosses bûches, des futailles vides, ou simplement des chaises, des escabeaux, des tabourets. Ces obstacles doivent être assez rapprochés les uns des autres pour causer de sérieuses difficultés à la circulation.

Règlement. — Les concurrents conduisant une automobile ou une voiture attelée d'un âne ou d'un cheval devront parcourir la piste dans le moins de temps possible, sans renverser les obstacles, au milieu desquels ils auront juste la facilité de circuler.

Tout obstacle qui bougera comptera pour une demi-faute; tout obstacle renversé, pour une faute.

Le classement se fera d'après le temps le plus rapide mis à exécuter le parcours sans renverser d'obstacle.

Enlèvement (en). — On achètera un gros mannequin en baudruche; chaque concurrent, au moment où son tour de concourir arrivera, prendra possession du mannequin, le placera sur le siège à côté de lui, mais sans l'attacher.

Règlement. — Au signal donné, le concurrent, qu'il soit en automobile ou qu'il conduise une voiture attelée, devra exécuter le parcours aussi vite que possible, sans faire tomber le mannequin gonflé à l'air, qui ballottera à côté de lui.

Le vainqueur sera celui qui aura mis le moins de temps à parcourir le terrain, en conservant le mannequin sur le siège, près de lui. Si le mannequin tombe, le concurrent est éliminé.

A défaut de mannequin, on peut employer un grand sac bourré de paille, qui remplit le même office, ou un grand ballon gonflé au gaz; mais dans ce dernier cas il est indispensable d'interdire de fumer, aussi bien au concurrent qu'aux assistants.

La piste doit être d'assez grande proportion pour permettre au véhicule de circuler librement, et de tenir assez éloignés les spectateurs.

❡ ❡ ❡

Concours de VOITURES FLEURIES

Ce concours est du même genre que celui des bicyclettes fleuries. (V. BICYCLETTES.)

Bien souvent, des personnes costumées prennent place

Communiqué par l'*Illustration.*

PETITES VOITURES FLEURIES.

dans les véhicules : automobiles, voiturettes ou voitures attelées, etc. Le costume des occupants doit être en rapport avec l'ornementation du véhicule.

Un défilé a lieu, habituellement. Le classement dépend de l'arrangement avec lequel les véhicules sont fleuris, et aussi du bon goût des membres du jury.

CONSEILS AUX ORGANISATEURS

Formalités à remplir. — Si la fête doit avoir lieu dans un square, sur une promenade, sur une plage, ou dans tout autre *endroit public,* les organisateurs devront, plusieurs jours avant la date fixée, aller à la mairie pour demander au maire de la localité son autorisation, et lui soumettre le programme.

A moins d'empêchement sérieux, cette autorisation est toujours accordée; le maire prendra alors les mesures de police nécessaires.

Si la fête a lieu, de jour ou de nuit, dans une *propriété privée,* l'autorisation n'est pas nécessaire. Dans ce dernier cas pourtant, la fête pouvant se prolonger assez tard dans la nuit, les organisateurs devront prévenir le maire, pour qu'il avertisse le garde champêtre ou tout autre agent de l'autorité, afin qu'ils ne soient pas surpris, en faisant leur ronde de nuit, de l'affluence des visiteurs, et des lumières, qui peuvent être aperçus tant au dehors qu'à l'intérieur de la propriété.

Il est préférable de toujours faire une visite de courtoisie au maire, la présence d'un agent de l'autorité pendant la durée de la fête étant toujours une garantie de tranquillité.

Les organisateurs doivent préparer à l'avance et à loisir le programme de la fête, prévoir le nombre des participants, pour commander, préparer en conséquence les objets de toute sorte nécessaires aux jeux et concours choisis. — S'occuper du choix du terrain; ne rien laisser au hasard pour que rien ne manque, que tout marche à souhait le jour de la fête.

TABLE-INDEX

TABLE DES HORS-TEXTE

Paris. — Imp. LAROUSSE, 17, rue Montparnasse.

LIBRAIRIE LAROUSSE, 13-17, RUE MONTPARNASSE, PARIS (6e)

Bibliothèque
LAROUSSE

encyclopédique et illustrée

Publiée sous la direction de Georges MOREAU

La *Bibliothèque Larousse* met à la portée de tous, dans les différents ordres d'idées *(Littérature — Beaux-arts — Sciences — Histoire et Géographie — Médecine et Hygiène — Vie sociale et droit usuel — Agriculture — Connaissances pratiques — Sports)*, des ouvrages d'une réelle valeur, soigneusement imprimés sur beau papier et illustrés pour la plupart.

LITTÉRATURE

1° *Chefs-d'œuvre des grands écrivains.* — Belles éditions de bibliothèque de nos grands écrivains classiques et modernes, avec illustration documentaire et notices signées de personnalités autorisées.

Racine : Théâtre complet illustré. Avec biographie et notes, par Henri CLOUARD. *Trois vol.* illustrés de 32 grav. dont 12 hors texte. Chaque volume, broché . . . . **1 franc**
Relié toile souple . . . . **1 fr. 30**
En *un seul volume*, reliure demi-peau, tête dorée . . . . . **6 francs**

Corneille : Théâtre choisi illustré. Avec biographie et notes, par H. CLOUARD. *Trois vol.* illustrés de 24 grav. dont 13 hors texte. Chaque vol., br., **1 fr.** ; relié toile. **1 fr. 30**
En *un seul volume*, reliure demi-peau, tête dorée . . . . . **6 francs**

Molière : Théâtre complet illustré. Avec biographie et notes, par Th. COMTE, agrégé de l'Université. *Sept volumes* illustrés de 63 grav. dont 36 hors texte. Chaque volume, broché, **1 fr.** ; relié toile. . **1 fr. 30**
En *deux volumes*, reliure demi-peau, tête dorée . . . . . **13 francs**

VICTOR HUGO, en 1860.

Envoi franco contre mandat-poste (pour l'étranger, ajouter 20 cent. par vol.).

Bibliothèque Larousse

LITTÉRATURE (Suite)

La Fontaine : Fables illustrées. Avec biographie et notes, par M. Morel, agrégé de l'Université. *Deux volumes* illustrés de 28 gravures dont 4 hors texte. Chaque volume, broché, 1 fr.; relié toile souple. . . . . 1 fr. 30
 En *un seul volume*, reliure demi-peau, tête dorée . . . . 4 fr. 50
Boileau : Œuvres poétiques illustrées. Avec biographie et notes, par L. Coquelin. 8 grav. et un autogr. Broché, 1 fr.; rel. toile, 1 fr. 30; demi-peau. 3 francs
La Bruyère : Les Caractères. Avec biographie et notes, par René Pichon, agrégé de l'Université. *Deux volumes* illustrés de 8 gravures hors texte. Chaque volume, broché, 1 fr.; relié toile souple. . . . . 1 fr. 30
 En *un seul volume*, reliure demi-peau, tête dorée. . . . . 4 fr. 50
Bossuet : Œuvres choisies illustrées. Avec biographie et notes, par Henri Clouard. *Deux vol.* 18 grav. Chaque volume, broché, 1 fr.; relié toile. 1 fr. 30
 En *un seul volume*, reliure demi-peau, tête dorée . . . . 4 fr. 50
Mme de La Fayette : La Princesse de Clèves. Avec biographie et notes, par L. Coquelin. 7 gravures dont 2 hors texte. Broché, 1 fr.; relié toile. 1 fr. 30
 En reliure demi-peau, tête dorée. . . . . 3 francs
Saint-Simon : Mémoires (extraits). Avec biographie et notes, par Aug. Dupouy. agrégé de l'Univ. *Quatre vol.* 17 grav. Chaque vol., br., 1 fr.; relié toile. 1 fr. 30
 En *un seul volume*, reliure demi-peau, tête dorée . . . . 7 francs
Abbé Prévost : Manon Lescaut. Avec biographie et notes, par Gauthier-Ferrières. 11 grav. Broché, 1 fr.; relié toile, 1 fr. 30; demi-peau . . 3 francs
J.-J. Rousseau : Les Confessions (extraits). Avec biographie et notes, par H. Legrand, agrégé de l'Université. 6 grav. Broché, 1 fr.; relié toile. 1 fr. 30
Voltaire : Romans. Avec biographie et notes, par H. Legrand. *Deux volumes* illustrés de 6 gravures. Chaque volume, broché, 1 fr.; relié toile. . . 1 fr. 30
 En *un seul volume*, reliure demi-peau, tête dorée . . . . 4 fr. 50
Beaumarchais : Théâtre choisi illustré. Avec biographie et notes, par M. Roustan, agrégé de l'Université. *Deux volumes* illustrés de 8 gravures hors texte. Chaque volume, broché, 1 fr.; relié toile. . . . . 1 fr. 30
 En *un seul volume*, reliure demi-peau, tête dorée . . . . 4 fr. 50
Chateaubriand : Œuvres choisies illustrés. Avec biographie et notes, par Dupouy, agrégé de l'Univ. *Trois vol.* 17 grav. Chaque vol., br., 1 fr.; rel. 1 fr. 30
 En *un seul volume*, reliure demi-peau, tête dorée . . . . 6 francs
Stendhal : La Chartreuse de Parme. Avec biographie et notes, par Dupouy. *Deux vol.* 4 grav. hors texte. Chaque vol., broché, 1 fr.; relié toile . . 1 fr. 30
 En *un seul volume*, reliure demi-peau, tête dorée . . . . 4 fr. 50
Stendhal : Le Rouge et le Noir. Avec introduction et notes, par C. Stryienski. *Deux volumes.* 4 grav. hors texte. Chaque vol., br., 1 fr.; relié toile. . 1 fr. 30
 En *un seul volume*, reliure demi-peau, tête dorée. . . . . 4 fr. 50
Balzac : Œuvres choisies illustrées. *Huit vol.* ill. de 7 grav. et 2 autogr. (*Le Père Goriot*, 1 vol.; *Eugénie Grandet*, 1 vol.; *La Cousine Bette*, 2 vol.; *Le Cousin Pons*, 1 vol.; *Le Lys dans la vallée*, 1 vol.; *Le Médecin de campagne*, 1 vol.; *La Peau de chagrin*, 1 vol.). Chaque vol., br., 1 fr.; rel. toile. 1 fr. 30
 Les huit vol. reliés toile, sous étui . . . . 11 francs
 En *trois volumes*, reliure demi-peau, tête dorée. . . . . 16 fr. 50

Toute commande d'au moins 25 fr. peut être payée à raison de 5 fr. par mois.

Bibliothèque Larousse

LITTÉRATURE (Suite)

Musset : Œuvres complètes illustrées. *Huit volumes* illustrés de 7 gravures et 2 autographes (*Premières poésies*, 1 vol. ; *Poésies nouvelles*, 1 vol. ; *Comédies et Proverbes*, 3 vol. ; *Confession d'un enfant du siècle*, 1 vol. ; *Contes*, 1 vol. ; *Nouvelles*, 1 vol.). Chaque volume, broché, **1** fr. ; relié toile . . . . . . **1** fr. 30
 Les huit volumes reliés toile, sous étui . . . . **11** francs
 En *trois volumes*, reliure demi-peau, tête dorée. . . . . **16** fr. 50
Victor Hugo : Œuvres choisies illustrées. Avec biographie et notices, par LÉOPOLD-LACOUR, agrégé de l'Université, et préface de Gustave SIMON. *Deux volumes* d'environ 550 pages chacun, 60 gravures dont 48 hors texte (*Poésie*, 1 vol. ; *Prose*, 1 vol.). Chaque vol., br., **5** fr. ; rel. toile, **6** fr. ; demi-peau **8** francs
Anthologie des écrivains français du XVIIe siècle. Avec biographies et notes, par GAUTHIER-FERRIÈRES. *Deux volumes* (*Poésie*, 1 vol. ; *Prose*, 1 vol.), illustrés de 45 portraits et 51 autographes. Chaque vol., br., **1** fr. ; rel. t. **1** fr. 30
 En *un seul volume*, reliure demi-peau, tête dorée . . . . **4** fr. 50
Anthologie des écrivains français du XVIIIe siècle. Avec biographies et notes, par GAUTHIER-FERRIÈRES. *Deux volumes* (*Poésie*, 1 vol. ; *Prose*, 1 vol.). 61 portraits et 56 autographes. Chaque volume, broché, **1** fr. ; rel. toile. **1** fr. 30
 En *un seul volume*, reliure demi-peau, tête dorée . . . . **4** fr. 50
Anthologie des écrivains français du XIXe siècle. Avec biographies et notes, par GAUTHIER-FERRIÈRES. *Quatre volumes* (*Poésie*, 2 vol. ; *Prose*, 2 vol.). 89 portraits et 83 autographes. Chaque vol., broché, **1** fr. ; relié toile. **1** fr. 30
 En *un seul volume*, reliure demi-peau, tête-dorée. . . . . **7** francs

 2º *Études littéraires.* — Conçus sur un plan uniforme, les volumes ci-dessous comportent, avec la vie des écrivains, l'étude de leur œuvre accompagnée d'extraits caractéristiques.

Montaigne, par L. COQUELIN. 6 grav. Br., **0** fr. 75 ; relié toile. **1** fr. 05
Musset, par GAUTHIER-FERRIÈRES. 4 grav. Br., **0** fr. 75 ; relié toile. **1** fr. 05
Daudet, par P. et V. MARGUERITTE, etc. 8 gr. Br., **0** fr. 75 ; relié toile. **1** fr. 05
Schiller, par Ch. SIMOND. 4 gravures. Broché, **0** fr. 75 ; relié toile. **1** fr. 05
Gœthe, par Ch. SIMOND. 4 gravures. Broché, **0** fr. 75 ; relié toile. **1** fr. 05
Heine, par A. TOPIN. 4 gravures. Broché, **1** fr. ; relié toile . . . . . **1** fr. 30
Tolstoï, par OSSIP-LOURIÉ. 4 gravures. Broché, **0** fr. 75 ; relié toile. **1** fr. 05
Ibsen, par OSSIP-LOURIÉ. 4 gravures. Broché, **0** fr. 75 ; relié toile. **1** fr. 05

 3º *Histoire de la Littérature.* — Cette section mettra à la disposition du public, sous une forme peu coûteuse, d'excellents précis des diverses littératures.

La Littérature française au XIXe siècle, par Ch. LE GOFFIC. 76 gravures. Broché, **1** fr. 75 ; relié toile. . . . . **2** fr. 25
Littérature anglaise, par W. THOMAS. 56 gr. Br., **1** fr. 20 ; rel. t. **1** fr. 50
Littérature italienne, par G.-M. GATTI. 23 gr. Br., **1** fr. ; rel. toile. **1** fr. 30
Histoire de la Littérature russe, par L. LEGER, membre de l'Institut, 26 gravures, 5 autographes. Broché, **0** fr. 75 ; relié toile . . . . . . **1** fr. 05
Anthologie des écrivains suédois contemporains, par T. HAMMAR. 4 grav. hors texte. Broché, **1** fr. ; relié toile . . . . **1** fr. 30

Envoi franco contre mandat-poste (pour l'étranger, ajouter 20 cent. par vol.).

Bibliothèque Larousse

BEAUX-ARTS

Anthologie d'Art français : XIX⁰ siècle (Peinture), par Ch. SAUNIER.
Deux volumes contenant 240 reproductions photographiques en pleine page.
Chaque volume, broché, 2 fr. 50 ; relié toile . . . . **3 fr. 50**
Édition de luxe sur papier mat. chaque volume, broché . . . . . . **5 francs**
Anthologie d'Art français : XX⁰ siècle (Peinture), par Ch. SAUNIER. 128 re-
prod. phot. en pleine page. Br., 3 fr. 50 ; rel. t., 4 fr. 50 ; sur papier mat. **6 francs**
Rembrandt, par A. BRÉAL. 24 gr. hors texte. Br., 1 fr. 20 ; rel. toile. **1 fr. 50**
L'Art à l'Ecole. 70 gravures. Broché, 1 fr. 20 ; relié toile. . . . . . **1 fr. 50**

HISTOIRE ET GEOGRAPHIE

Histoire de Russie, par L. LEGER. 12 gr., 2 cartes. Br., 0 fr. 75 ; rel. **1 fr. 05**
Géographie rapide de l'Europe, par Onésime RECLUS. 16 gravures, 1 carte.
Broché, 1 fr. 20 ; relié toile. . . . . **1 fr. 50**
Géographie rapide de la France, par RECLUS. 18 gr. Br., 1 fr. 20 ; rel. **1 fr. 50**

VIE SOCIALE ET DROIT USUEL

La Vie économique, par Frédéric PASSY. Broché, 1 fr. 20 ; rel. t. **1 fr. 50**
Entre locataires et propriétaires, par D. MASSÉ. Br., 1 fr. 20 ; rel. **1 fr. 50**
Les Assurances, par E. ADAM. Guide pratique. Br., 0 fr. 75 ; rel. t. **1 fr. 05**
Ce que la loi punit, par GUYON. Code pénal expliqué. Br., 0 fr. 90 ; rel. **1 fr. 20**
Les Accidents du travail, par L. ANDRÉ. Br., 1 fr. 20 ; rel. toile. **1 fr. 50**
Assistance aux vieillards, aux infirmes, aux incurables. Guide pratique à
l'usage des fonctionnaires départementaux, etc. Br., 1 fr. 20 ; rel. toile. **1 fr. 50**
Code municipal, par Max LEGRAND. Broché, 1 fr. 20 ; relié toile. **1 fr. 50**

SCIENCES PURES ET APPLIQUÉES

Qu'est-ce que la Science? par F. LE DANTEC, chargé de cours à la Sorbonne.
88 gravures. Broché, 1 fr. 20 ; relié toile. . . . . **1 fr. 50**
La Photographie des couleurs, par COUSTET. 22 gr. Br., 0 fr. 75 ; rel. t. **1 fr. 05**
L'Electricité à la maison, par H. de GRAFFIGNY. 100 gr. Br., 1 fr. ; rel. t. **1 fr. 40**
Les Alliages métalliques, par HÉMARDINQUER. 9 gr. Br., 0 fr. 50 ; rel. t. **0 fr. 75**
La Voix professionnelle, par le Dr P. BONNIER. 39 gr. Br., 2 fr. ; rel. **2 fr. 50**

MÉDECINE ET HYGIÈNE

L'Estomac : hygiène, maladies, traitement, par le Dr M.-A. LEGRAND. 14 gravures. Broché, 1 fr. ; relié toile . . . . **1 fr. 30**
L'Œil : hygiène, maladies, traitement, par le Dr VALUDE, médecin de la clini-
que des Quinze-Vingts. 54 gravures. Broché, 1 fr. ; relié toile . . . . . **1 fr. 30**
L'Oreille : hygiène, maladies, traitement, par le Dr M.-A. LEGRAND. 74 gra-
vures. Broché, 1 fr. 20 ; relié toile . . . . **1 fr. 50**
La Bouche et les Dents : hygiène, maladies, traitement, par le Dr ROSEN-
THAL. 28 gravures. Broché, 1 fr. ; relié toile . . . . **1 fr. 30**
Le Nez et la Gorge : hygiène, maladies, traitement, par le Dr A. NEPVEU.
48 gravures. Broché, 1 fr. ; relié toile. . . . . **1 fr. 30**
La Peau et la Chevelure : hygiène, maladies, traitement, par le Dr M.-A. LE-
GRAND. 65 gravures. Broché, 1 fr. 20 ; relié toile . . . . **1 fr. 50**
Les Maladies de poitrine, par le Dr GALTIER-BOISSIÈRE. 65 gravures.
Broché, 1 fr. 35 ; relié toile . . . . **1 fr. 75**

Toute commande d'au moins 25 fr. peut être payée à . . . .

Dictionnaires divers

Dictionnaire usuel de Droit, par Max LEGRAND, avocat. Un volume in-8°
de 840 pages, 15 gravures et 3 cartes. 9e mille. Broché. . . . . 7 fr. 50
  Relié toile. . . . . 9 francs
  Supplément. 144 pages. Broché . . . . 3 francs

Rédigé dans un esprit essentiellement pratique, ce dictionnaire met à la portée de
tous ce qu'il peut être utile de savoir en matière juridique, sous une forme aussi claire et
accessible que possible, et l'ordre alphabétique en rend en outre la consultation infiniment plus commode que celle d'un code. Il est superflu d'insister sur les services qu'un
ouvrage ainsi conçu peut rendre à chacun dans la conduite de ses affaires : ce sera en
particulier un guide des plus précieux toutes les fois qu'on aura un contrat à passer,
un procès à intenter ou à soutenir, ou simplement quelque formalité administrative ou
judiciaire à remplir. Un appendice placé à la fin du volume donne la formule d'un certain
nombre d'actes d'une application courante : reconnaissances, procurations, baux, etc.
(*Demander le prospectus spécimen.*)

Dictionnaire analogique de la langue française, par P. BOISSIÈRE. Répertoire
complet des mots par les idées et des idées par les mots. 10e édition, augmentée
d'un *Complément.* Un volume gr. in-8° de 1 500 pages. Broché . . . . 25 francs
  Relié toile, 28 fr. ; demi-chagrin. . . . . 30 francs

Par un système d'analogie très ingénieux, cet ouvrage permet de trouver sur-le-
champ le terme propre qui répond à une idée quelconque et suggère, peut-on dire, les
expressions dont on a besoin. On voit quels services il peut rendre à tous ceux qui ont à
écrire en français. (*Demander le prospectus spécimen.*)

Dictionnaire synoptique d'étymologie française, par H. STAPPERS, donnant
la dérivation des mots usuels, classés sous leur racine commune et en divers
groupes : latin, grec, langues germaniques, etc. Un volume in-12 de 960 pages.
6e édition. Relié toile . . . . 6 francs

Dans ce livre on trouvera, groupés d'une façon méthodique, tous les mots de la langue
française de même provenance, qui, dans les autres dictionnaires, se trouvent forcément
éparpillés d'après l'ordre alphabétique. On comprend quel intérêt présente cet ouvrage,
tant au point de vue des recherches étymologiques qu'au point de vue de l'étude des mots.
(*Demander le prospectus spécimen.*)

Vocabulaire synthétique de la langue française, par L. GRIMBLOT. Un
fort volume in-12, illustré de 4 500 gravures. Broché. . . . . 10 francs
  Relié toile. . . . . 12 francs
Cet ouvrage permettra de se livrer à une étude approfondie du vocabulaire. On y
trouvera les mots-racines des diverses provenances groupés avec leurs dérivés autour
de l'idée à laquelle ils se rapportent.

Dictionnaire méthodique et pratique des rimes françaises, précédé d'un
traité de versification, par Ph. MARTINON. Un volume petit in-12 de 300 pages.
4e édition. Relié toile. . . . . 2 fr. 50
Ce dictionnaire offre des avantages considérables sur tous les ouvrages similaires.
Outre que sa nouveauté le met au courant des derniers enrichissements de la langue, il se
recommande par l'originalité de son plan, grâce auquel les rimes sont présentées d'une
façon particulièrement pratique. (*Demander le prospectus spécimen.*)

Envoi franco au reçu d'un mandat-poste.

Livres d'intérêt pratique

Mémento Larousse. Petite encyclopédie de la vie pratique, contenant toutes les connaissances usuelles en un volume (*Vingt ouvrages en un seul*). 730 pages (format 13,5 × 20), 900 gravures, 82 cartes dont 50 en couleurs. Cartonné, **5** fr.; relié toile (reliure originale de GIRALDON). . . . . **6** francs

On trouve dans le *Mémento Larousse :* un traité de grammaire, un abrégé d'histoire, une géographie avec un atlas de 50 cartes en couleurs, une arithmétique, des éléments d'arpentage, un traité de dessin, un compendium de sciences physiques et naturelles, des notions d'agriculture, le droit usuel, le savoir-vivre, des modèles de lettres, l'hygiène, des recettes et procédés, etc. C'est un véritable vade-mecum qui rendra les plus grands services dans la vie.

Pour choisir une carrière, par Daniel MASSÉ, juge de paix de Nogent-sur-Marne. Un vol. in-8° de XXXII-520 pages. 2e éd. Br., **4** fr. **50**; relié t. **5** fr. **50**

Cet ouvrage se distingue de tous ceux qui ont déjà paru dans ce genre par la largeur de son plan et par une précision de renseignements à laquelle on n'avait pas encore atteint en pareille matière. On y trouvera, non seulement sur les professions administratives, libérales, commerciales et industrielles, mais même sur les métiers manuels, des indications aussi pratiques que détaillées.

Manuel du Commerçant, par E. SEGAUD, ancien président du Tribunal de commerce d'Arras. Un vol. in-8° de 320 pages. Broché, **3** fr. **50**; rel. t. **4** fr. **50**

Ce volume présente, sous une forme simple et commode à consulter, les diverses notions juridiques et pratiques d'un intérêt courant dans la vie commerciale. Dû à la plume d'un homme du métier, il rendra les plus grands services aux commerçants, qui auront avec lui sous la main la solution des mille cas qui peuvent journellement les embarrasser.

La Comptabilité commerciale, industrielle et domestique, avec notions sur le commerce, le crédit, les sociétés et la législation commerciale, par Gustave SOREPH. Un vol. in-8° de 270 pages. 3e édit. Br., **3** fr.; rel. toile. **4** francs

Pour gérer sa fortune, par Pierre DES ESSARS. Conseils pratiques sur les placements de capitaux et les assurances. 4e édit. In-8°. Br., **2** fr. **50**; rel. **3** fr. **50**

La Cuisine et la Table modernes. Ouvrage écrit spécialement pour la maîtresse de maison par des hommes de métier. Beau volume in-8° de 500 pages, 600 gravures, dont 135 reproductions photographiques d'après nature. 13e mille. Broché, **5** fr.; relié toile . . . . **6** fr. **50**

Cet ouvrage n'est pas un banal livre de cuisine; c'est un guide pratique dû à la collaboration d'hommes du métier et dans lequel on trouvera non seulement les recettes culinaires proprement dites, mais encore tout ce qu'une femme doit savoir sur l'hygiène de l'alimentation, le pain, les condiments, la viande, la volaille, le poisson, les légumes, les conserves, le matériel de cuisine, le service de table, etc.

La Chasse moderne, *encyclopédie du chasseur,* due à la collaboration des personnalités les plus autorisées du monde cynégétique. In-8°, 710 pages, 438 gravures (dessins d'après nature et photographies instantanées), 24 tableaux synthétiques, 85 airs de chasse. 15e mille. Br., **7** fr. **50**; relié toile. . **10** francs

La Pêche moderne, *encyclopédie du pêcheur,* due à la collaboration de spécialistes compétents. In-8°, 600 pages, 680 gravures, 32 tableaux synthétiques. 7e mille. Broché, **6** fr. **75**; relié toile. . . . . **9** francs

Envoi franco au reçu d'un mandat-poste.

Bibliothèque rurale

Les ouvrages qui composent cette collection ont un caractère essentiellement pratique. Dépouillés autant que possible de tout langage scientifique, ils exposent sous une forme simple et accessible tout ce qu'il est utile de savoir pour réussir aujourd'hui dans les diverses branches des travaux agricoles. Imprimés et illustrés avec soin, et d'un prix très modéré, ils ont leur place marquée dans la bibliothèque de tous les cultivateurs, propriétaires, etc. ; plusieurs d'entre eux intéressent même non seulement les agriculteurs de profession, mais aussi les simples amateurs de jardinage. (*Collection honorée de nombreuses souscriptions des ministères de l'Agriculture et de l'Instruction publique.*)

L'Agriculture moderne, encyclopédie de l'agriculteur, par V. Sébastian, chimiste agronome. 560 pages, 671 gravures. Broché, **5** fr. ; relié toile. **6 fr. 50**

La Ferme moderne, traité des constructions rurales, par Abadie, professeur de génie rural à l'Ecole nationale d'agriculture de Rennes. 390 gravures. Broché, **3** fr. ; relié toile. . . . . **4 francs**

Prairies et Pâturages (Praticulture moderne), par Compain, chef des cultures à l'Ecole nationale d'agriculture de Rennes. 181 gravures. Broché. . . **3 francs**
Relié toile. . . . . **4 francs**

Rotations et assolements, par Parisot, professeur à l'Ecole nationale d'agriculture de Rennes. Broché, **2** fr. ; relié toile . . . . **3 francs**

Les Sols humides, par R. Dumont, professeur spécial d'agriculture. 52 grav. Broché, **2** fr. ; relié toile. . . . . **3 francs**

La Culture profonde et les améliorations foncières, par R. Dumont. 33 gravures. Broché, **1** fr. **50** ; relié toile . . . . **2 fr. 25**

Les Industries de la ferme, par Larbalétrier. 160 gr. Br., **2** fr. ; rel. **3 francs**

L'Outillage agricole, par de Graffigny. 240 gr. Br., **2** fr. ; rel. t. **3 francs**

Élevage en grand de la volaille, par Palmer. Br., **1** fr. **50**; rel. **2 fr. 25**

La Basse-Cour, par Troncet et Tainturier. 80 grav. Br., **2** fr. ; rel. **3 francs**

Le Bétail, par Troncet et Tainturier. 100 grav. Br., **2** fr.; relié . **3 francs**

La Médecine vétérinaire à la ferme, par le Dr G. Moussu, professeur à l'Ecole d'Alfort. 82 gravures. Broché, **3** fr. ; relié toile . . . . **4 francs**

L'Arboriculture fruitière en images, par Vercier, professeur spécial d'horticulture. 101 planches constituant un véritable enseignement par l'image, avec texte explicatif en regard. Broché . . . . **3 francs**
Relié toile. . . . . **4 francs**

L'Arboriculture pratique, par Troncet et Deliège. Br., **2** fr. ; rel. **3 francs**

La Viticulture moderne, par G. de Dubor. 100 gr. Br., **2** fr.; rel. t. **3 francs**

Le Pommier à cidre et les meilleurs fruits de pressoir, par E. Fau, professeur spécial d'agriculture. 30 grav. et 32 planches hors texte. Br. . . **2 francs**
Relié toile. . . . . **3 francs**

L'Apiculture moderne, par Clément, vice-président de la Société centrale d'apiculture. 153 gravures. Broché, **2** fr. ; relié toile . . . . **3 francs**

Le Jardin potager, par Troncet. 190 grav. Br., **2** fr. ; relié toile. **3 francs**

Le Jardin d'agrément, par Troncet. 150 grav. Br., **2** fr. ; relié . **3 francs**

Comptabilité agricole, par Barillot. Broché, **2** fr.; relié toile. . **3 francs**

Les Animaux de France, utiles et nuisibles, par Clément et Troncet. 160 gravures. Broché, **2** fr. ; relié toile . . . . **3 francs**

Destruction des insectes et autres animaux nuisibles, par A.-L. Clément. 400 gravures. Broché, **2** fr. ; relié toile. . . . . **3 francs**

Écoles et cours d'Agriculture, par Duguay. 39 gravures. Br. . **1 franc**

Envoi franco au reçu d'un mandat-poste.

Paris. — Imp. LAROUSSE (Mai 1912). — 127.